उर्दू के मशहूर शायर

शक़ील बदायूंनी

और उनकी चुनिंदा शायरी

संपादक
नरेंद्र गोविन्द बहल

डायमंड बुक्स
www.diamondbook.in

प्रकाशक: डायमंड पॉकेट बुक्स (प्रा.) लि.
X-30 ओखला इंडस्ट्रियल एरिया, फेज-II
नई दिल्ली- 110020
फोन : 011-40712200
ई-मेल : sales@dpb.in
वेबसाइट : www.diamondbook.in

Urdu Ke Mashhoor Shayar Shakeel Badayuni Aur Unki Chuninda Shayari

Ed. By - *Narender Govind Behl*

दो शब्द

शकील बदायूंनी की पैदाइश 20 अगस्त, 1916 ई० को मौलवी जमील अहमद साहब कादरी के घर बदायूं में हुई। आपके वालिद भी शायर थे और उस जमाने में 'सोखता' तखल्लुस फरमाते थे। 'शकील' साहब ने शुरूआती तालीम जिसमें उर्दू, फारसी, अरबी और अंग्रेजी जबान शामिल है मौलवी अब्दुल ग़फ़्फ़ार, मौलवी अब्दुल रहमान और बाबू रामचन्द्र जी से हासिल की। इसके बाद शकील ने 1937 ई० में अलीगढ़ मुस्लिम विश्वविद्यालय में दाखिला ले लिया और वहीं से 1942 ई० में बी.ए. का इम्तेहान पास किया और दिल्ली में मुलाजिमत शुरू की।

1946 ई० में उन्होंने इस्तीफा दे दिया और बम्बई चले गये। वहां उन्होंने शुरू में गीतकार की हैसियत से कारदार स्टडियो में नौकरी शुरू की। जैसे-जैसे उनके गीत मशहूर हुए, फिल्मी दुनिया में उनकी मांग और कद्र बढ़ती चली गई।

शुरुआत से ही शकील साहब को साहित्य की अच्छी समझ और शे'र-ओ-शायरी से दिली लगाव था। शुरू में उन्होंने अपने नजदीकी रिश्तेदार ज़ियाउल्कादरी साहब से इस्लाह ली। साथ ही आप हजरत 'जिगर' मुरादाबादी के बड़े शागिर्द थे। शकील साहब की गिनती उन शायरों में की जाती है जो 'जिगर' साहब से करीबतर थे और उनकी शऊरी इस्लाह हासिल करते थे।

इसमें कोई दो राय नहीं है कि शकील साहब ने खुद के जाती तजुर्बात से उर्दू शायरी को एक अलग राग-रंग दिया। उनके कलाम में हर तरफ ज़िन्दगी और उसका शऊर बिखरा हुआ है जो सबके दिल को छू जाता है।

मुशायरों में शकील का नाम मशहूर हस्तियों के तर्ज पर लिया जाता था। दिलकश कलाम और जादू जगाती आवाज़ से सुनने वालों को बेखुद करके खूब तारीफ़ बटोरा करते थे। फिल्मी दुनिया में एक गीतकार की हैसियत से आप अजीम तरीन शख्सियत में शुमार थे। उनकी शोहरत का सितारा तब चमका जब उर्दू भाषा व शायरी पर पतन के बादल मण्डरा रहे थे। ऐसे ही नाज़ुक वक्त में 'शकील' ने अपनी बेहतरीन शायरी, दिल

की गहराईयों में उतर जाने वाले नगमों का जादू जगाकर हर वर्ग के लोगों के दिलों पर राज करने लगे। शायद इसी वजह से उनको ताउम्र याद किया जाता है। 20 अप्रैल 1970 ई० महज़ 54 साल की उम्र में यह खुशमिजाज इन्सान, मशहूर गीतकार, जाना-पहचाना नग़्माकार और महबूब ग़ज़लकार-शायर को हमेशा-हमेशा के लिए दुनिया से विदा ले गया।

मैं 'शकील' दिल का हूँ तरजुमाँ
कि मौहब्बतों का हूँ राजदाँ
मुझे फख्र है मिरी शायरी,
मिरी जिंदगी से जुदा नहीं

'शकील' बदायूंनी

-संपादक

नरेंद्र गोविन्द बहल

narendergovindbehl@gmail.com

प्रकाशकीय

नरेन्द्र गोविन्द बहल उर्दू और हिन्दी कविता में गहन रुचि रखते है जिसके कारण उन्होंने अधिकतर मुशायरों व कवि सम्मेलनों में शिरकत की थी, इन्हीं आयोजनों की वजह से उन्हें साहित्य लेखन का भी शौक पैदा हुआ। लेखक की विभिन्न विषयों पर अब तक 60 से अधिक पुस्तकें प्रकाशित हो चुकी हैं। लालकिले में होने वाले कवि सम्मेलन और मुशायरों से कविता-शायरी के प्रति प्रेम बढ़ा और वहीं से उन्होंने उन्हें कविता लिखना भी प्रारंभ कर दिया था। कविता, गीत, गजल, शायरी को समझने के लिए उर्दू के मशहूर शायरों के जीवन के बारे में जानने के लिए उर्दू भाषा सीखी।

जब लेखक साहिर लुधियानवी, कैफ़ी आज़मी, जान-ए-सार अख्तर, अली सदार जाफरी, मजाज, नरेश कुमार 'शाद' आदि शायरों से मिले तो उनका पाठकीय दृष्टिकोण बदलने लगा और उन्होंने गालिब, फैज़, जफ़र, दाग आदि रचनाकारों को भी पढ़ना शुरू किया। इन शायरों को पढ़ते हुए लेखक के मन में एक उत्साह पैदा हुआ कि इन शायरों की पुस्तकें संपादित की जाएं। यह पुस्तक भी इसी उत्साह का नतीजा है।

डायमंड बुक्स प्रस्तुत करता है उर्दू के मशहूर शायर और उनकी चुनिंदा शायरी। इस सीरीज़ में नये पुराने शायरों की प्रसिद्ध एवं चुनिंदा शायरी का संकलन प्रकाशित किया है। इस सीरीज की प्रमुख पुस्तकें इस प्रकार हैं :-

फ़ैज़
क़तील शिफ़ाई
जोश मलिहाबादी
शक़ील बदायूंनी
मीर
मोमिन ख़ां 'मोमिन'
साहिर लुधियानवी
मजाज़
इक़बाल
ज़फ़र
दाग़
अदा जाफरी
शाहिद मीर
मुज़फ़्फ़र वारसी
वसीम बरेलवी
आलम खुर्शीद
शहरयार
ग़ालिब
अख़्तर शीरानी
ज़ौक़
अकबर इलाहाबादी
नज़ीर अकबराबादी
फ़िराक़ गोरखपुरी
इफ़्तिख़ार आरिफ़
मजरुह सुल्तानपुरी
अहमद फराज
दर्द
नरेश कुमार शाद
मुश्ताक अहमद
मंज़ूर हाशमी
निश्तर ख़ानक़ाही
हरिराज सिंह नूर
अमजद इस्लाम अमजद
निदा फाजली
बशीर बद्र
बेकल उत्साही
परवीन शाकिर
कैफ़ी आज़मी
जॉ निसार अख़्तर
अली काज़मी
कुँअर बेचैन
माणिक वर्मा
अली सरदार जाफरी
मिर्ज़ा रफ़ी 'सौदा'
असग़र गोंडवी
चमन लाल चमन
राम अवतार बैरवा
रामदरश मिश्र
महताब हैदर नक़वी

मनीष वर्मा

manish@dpb.in

(1)

कोई ऐ 'शकील' देखे, ये जुनूं नहीं तो क्या है
कि उसी के हो गये हम, जो न हो सका हमारा

'शकील' दूरी-ए-मंजिल से नाउम्मीद न हो
अब आई जाती है मंजिल अब आई जाती है

बनकर 'शकील' राज़-ए-सरापा-ए-हुस्न-ए-दोस्त
आलम पे आशकार हुआ जा रहा हूँ मैं

नज़र से क़ैद-ए-तअय्युन[1] उठाई जाती है
तजल्ली-ए-रुख़-ए-जाना[2] दिखाई जाती है

जब उनको हौसला-ए-दिल पे एतबार नहीं
तो फिर नज़र से नज़र क्यों मिलाई जाती है

खुम़-ओ-सुबू[3] की ज़रूरत के हम नहीं क़ायल
शराब मस्त नज़र से पिलाई जाती है

सितम नवाज़ी-ए-पैहम[4] है इश्क़ की फ़ितरत[5]
फ़िज़ूल हुस्न पे तोहमत[6] लगाई जाती है

भुला दिया था ग़म-ए-रोज़गार ने जिसको
वो दास्ताँ मुझे फिर याद आई जाती है

'शकील' दरी-ए-मंज़िल से नाउमीद न हो
अब आई जाती है मंज़िल अब आई जाती है

---

1. विशेष पाबन्दी 2. महबूब के चेहरे की रौनक 3. शराब का मटका व प्याला 4. बार-बार का सितम 5. प्रकृति 6. इल्ज़ाम।

(2)

ला रहा है मय कोई शीशे में भर के सामने
किस क़दर पुर कैफ़ मंज़र[1] है नज़र के सामने

अलअमां[2] जौक़-ए-तमाशा[3] की करिश्मा कारियाँ
कुछ नहीं है और सब कुछ है नज़र के सामने

मैं तो इस आलम को क्या से क्या बना देता मगर
किसकी चलती है हयात-ए-मुख्तसर[4] के सामने

फिर न देना ताना-ए-नाकामी-ए-जौक़-ए-नज़र[5]
हौसला है कुछ तो आ जाओ नज़र के सामने

आह ये रुदाद हंगाम-ए-तरब[6] ऐ ग़म गुसार[7]
ज़िक्र-ए-गुलशन जैसे इक बेबाल-ओ-पर[8] के सामने

हो चुका जब ख़ातमा सारी उम्मीदों का तो फिर
जा रहे हो क्यों 'शकील' उस फ़ित्नागर के सामने

---

1. दिल को छूने वाले दृश्य 2. खुदा की पनाह 3. तमाशादेखने का उत्साह 4. थोड़ी सी ज़िन्दगी 5. नज़र की नाकामी के ताने 6. खुशी के हंगामे 7. दुख में साथ देने वाला 8. मजबूर क़ैदी 9. झगड़ा करने वाला।

(3)

जल के अपनी आग में खुद सूरत-ए-परवाना[1] हम
बन गए हम रिश्ता-ए-ख़ाक-ए-दर-ए-जानाना[2] हम

देखिए किस राह ले जाए सुकूँ की जुस्तजू[3]
चल तो निकले हैं बयक अंदाज़-ए-बेताबाना[4] हम

हाल-ए-दिल, अहवाल-ए-ग़म[5], शरहे-तमन्ना[6], अर्ज़-ए-शौक़
बे ख़ुदी में कह गए अफ़साना दर अफ़साना हम

पारसाई[7] ख़नदाज़न[8] वादा ख़िलाफ़ी तानारेज़[9]
हाय किस मुश्किल से पहुँचे ता दर-ए-मयख़ाना हम

फ़ुरसत-ए-यक लम्हा दे देती तो फिक्र-ए-रोज़गार
याद कर लेते कोई भला हुआ अफ़साना हम

जब जफ़ा-ओ-जौर[10] भी जुज़वे-मौहब्बत[11] है 'शकील'
किस लिए रहते जफ़ा-ओ-जौर से बेगाना हम

---

1. परवाने की तरह 2. महबूब की गली की ख़ाक 3. तलाश 4. बेचैनी के अंदाज में 5. ग़म का हाल 6. इच्छा का सारांश 7. नेकी 8. हँसी उड़ाना 9. ताने देना 10. बेवफ़ाई व नखरे 11. मौहब्बत का एक अंग।।

(4)

वजहे क़द्र-ओ-क़ीमत-ए-दिल हुस्न की तनवीर[1] है
वरना इक टूटे हुए शीशे की क्या तौक़ीर[2] है

कुछ तबस्सुम ज़ेर-ए-लब[3], कुछ शर्म दामनगीर है
उफ़ ये किस आलम में खिंचवाई हुई तसवीर है

इक नज़र देखा जिसे मदहोशो-बेख़ुद कर दिया
तेरी कैफ़ आगीं[4] निग़ाहों में अजब तासीर[5] है

कितनी दिलकश हैं तेरी तसवीर की रानाईयाँ[6]
लेकिन ऐ पर्दानशीं[7] तसवीर फिर तसवीर है

फूँक दे बर्क़[8]-ए-तपाँ मेरा कफ़न भी फूँक दे
आशियाँ की ये भी एक बिगड़ी हुई तसवीर है

लनतरानी[9] कह दिया था तूर[10] पर जिसने 'शकील'
ज़र्रे-ज़र्रे में उसी के हुस्न की तनवीर है

---

1. रौशनी 2. इज़्ज़त करना 3. होंठों पर 4. मस्त करने वाली 5. असर करना 6. खूबसूरती 7. पर्दे में रहने वाली 8. बिजली 9. मुझको तू हरग़िज़ न देखेगा 10. एक पर्वत का नाम।

(5)

सामने है सनम क़दा[1], सू-ए-हरम[2] नज़र भी है
जौक़-ए-सुजूद मरहबा, सर भी है संग-ए-दर[3] भी है

ताबिश[4]-ए-हुस्न-ए-ख़ुदनुमा, उफ़ ये नज़र फ़रेबियाँ[5]
बज़्म से ख़ुद निहाँ[6] भी है, बज़्म में जलवागर भी है

अब भी वो बर्क़-ए-तूर[7] सोज़ है उसी तरह दिल फिरोज़
दर भी हर नज़र से है, जन्नते हर नज़र भी है

जुलमत[8]-ए-आलमे फिराक़, जलवा-ए-हुस्ने बेमिसाल
बज़्म-ए-तसव्वुरात[9] में शाम भी है सहर[10] भी है

नाला-ओ-आह पै बपै[11] ऐ दिल-ए-ज़ार ताबा कै
जिसका तुझे ख़याल है उसको तेरी ख़बर भी है?

---

1. बुतख़ाना 2. काबा की तरह 3. पत्थर का दरवाज़ा 4. रौशनी 5. नज़र को धोखा देना 6. छुपी हुई 7. तूर पर्वत की रौशनी 8. अंधेरा 8. ख्यालों की महफ़िल 10. सुबह 11. एक के बाद एक रोने की आवाज़ व आह।

(6)

अब तक है वही इश्क़-ए-फ़ुसूँ[1] साज़ का आलम[2]
जैसे कोई गूंजी हुई आवाज़ का आलम

रुसवाई[3] का आलम है कहीं राज़ का आलम
दिलकश है मोहब्बत के हर अंदाज़ का आलम

एहसास-ए-मौहब्बत की क़सम ग़ौर[4] तो कीजे
क्या पहले यही था निगह-ए-नाज़[5] का आलम

जलवत[6] में सुकूत-ए-दिल-ए-पुर शौक़[7] का आलम
ख़िलवत[8] में ख़यालात की परवाज़[9] का आलम

उठना थी 'शकील' आँख न उट्ठी सर-ए-महफ़िल[10]
देखा न गया हुस्न-ए-ख़ुदा साज़[11] का आलम

---

1. मौहब्बत का जादू 2. हालत 3. बदनामी 4 विचार 5. बेपरवाह निग़ाह 6. सब के सामने 7. ठहरे हुए बेचैन दिल 8. तनहाई 9. उड़ान 10. महफ़िल में 11. ख़ुदा के बनाए हुए हुस्न।

(7)

अक्स-ए-जमाल-ए-यार[1] हुआ जा रहा हूँ मैं
सरता क़दम बहार हुआ जा रहा हूँ मैं

ख़ुद हुस्न ख़ुद बहार हुआ जा रहा हूँ मैं
फ़ितरत[2] का शाहकार[3] हुआ जा रहा हूँ मैं

जितना वो दे रहे हैं प्याम-ए-सुकूँ[4] मुझे
उतना ही बेकरार हुआ जा रहा हूँ मैं

तेरा जमाल[5], तेरी मौहब्बत, तिरी नज़र
लेकिन क़ुसूरवार[6] हुआ जा रहा हूँ मैं

बनकर 'शकील' राज़े सरापा-ए-हुस्न-ए-दोस्त
आलम पे आशकार[8] हुआ जा रहा हूँ मैं

---

1. दोस्त के हुस्न की परछाई 2. सृष्टि 3. बेहतरीन कार्य 4. सुकून के प्याम 5. हुस्न 6. दोषी 7. जुदाई का कारण 8. ज़ाहिर होना, खुलना।

(8)

नज़्ज़ारा-ए-जमाल[1] से जन्नत है ज़िन्दगी
वो रू ब रू[2] नहीं तो क़यामत है ज़िन्दगी

हर चन्द एक ज़िन्दा हक़ीक़त[3] है ज़िन्दगी
लेकिन बस इक निग़ाह की क़ीमत है ज़िन्दगी

जब चाहे फूँक दे मेरी हस्ती[4] का आशियाँ
इक बर्क़-ए-बेअमाँ[5] की अमानत है ज़िन्दगी

मिटना रवा[6] निगाह झुकाना नहीं कुबूल
बेगाना-ए-फ़रेब-ए-निदामत[7] है ज़िन्दगी

कितनी लतीफ़[8], कितनी हसीं, कितनी मुख़्तसर[9]
एक नौ शगुफ़ता[10] फूल की निकहत[11] है ज़िन्दगी

उनके ख़याल, उनकी तमन्ना में मस्त हूँ
मेरे लिए 'शकील' इबादत[12] है ज़िन्दगी

---

1. सुन्दर दृश्य 2. आमने सामने 3. सच्चाई 4. जीवन 5. आसमानी बिजली 6. मंजूर 7. शर्मिन्दगी के धोखे से बेगानी 8. पवित्र 9. बहुत थोड़ी 10. नए खिले हुए 11. खुशबू 12. पूजा।

(9)

वारफ़तगी[1] में जिन्स[2]-ए-मौहब्बत ख़रीद ली
लुत्फ़-ओ-सुकूँ मिटा के क़यामत ख़रीद ली

वाइज़[3] न पूछ हासिल-ए-तरग़ीब-ए-मयकशी[4]
इक जान के एवज़[5] तिरी जन्नत ख़रीद ली

दिल को निगाह-ए-नाज़ ने अपना बना लिया
कुछ शोख़ियों ने मिल के मतानत[6] ख़रीद ली

यूँ कर रहे हैं शरह-ए-मोहब्बत[7] पे तबसरा
जैसे हमीं ने जिन्स-ए-मौहब्बत ख़रीद ली

चार आँखों में वो कशिश-ओ-जज़्ब[8] है कहाँ
लेकिन गुनाहगार ने रहमत[9] ख़रीद ली

---

1. बेख़बरी 2. वस्तु 3. धर्म प्रचारक 4. शराब पीने की आदत से प्राप्त 5. बदले में 6. संजीदगी 7. मोहब्बत की किताब 8. अपनी ओर खींचना 9. दया।

(10)

जुनून-ए-मशग़ला[1]-ए-आशियाना साज़ी[2] था
अयां[3] गिरफ्तगीं-ए-बर्क़-ए-शोला[5] बार न थी

न दर्द-ओ-ग़म, न शिकायत, न इज़्तराब[6]-ओ-जुनूँ
मौहब्बतें थी मगर कोई यादगार न थी

कभी ये हाल कि ख़िलवत[7] में जी न लगता था
कभी ये रंग कि महफ़िल भी साज़गार न थी

हयात-ए-इशरत-ए-माज़ी[8] अरे मुआज़ अल्लाह[9]
बजा कहूँ तो इमारत ही पायदार[10] न थी

ग़रज तमाम हुई अब वो दास्तान-ए-निशात[11]
हसीन ख़्वाब से बढ़कर जो कामगार न थी

'शकील' आह ये आलम है अब तो हस्ती[12] का
कि जैसे अपने चमन में कभी बहार न थी

---

1. कार्य में लगा हुआ 2. घर बनाना 3. ज़ाहिर 4. पकड़ा हुआ 5. लपट 6. बेचैनी 7. तनहाई 8. अतीत 9. ख़ुदा की शरण 10. मज़बूत 11. ख़ुशी 12. जीवन।

(11)

आ गई हैं रहमतें[1] फिर जोश में
होश में, ऐ पीने वालो होश में

क्या असर था जज़्बा[2]-ए-ख़ागोश में
ख़ुद वो खिंच कर आ गए आग़ोश[3] में

सारा आलम पा-ए-बादा नोश[4] पर
एक साग़र[5] दस्त-ए-बादा नोश[6] में

अब तक इक दिलकश सदा-ए-बाज़गश्त[7]
गूँजती है पर्दा हाय गोश[8] में

फिर बहार आई नए अन्दाज़ से
ऐ जुनून-ए-फ़ित्ना सामाँ[9] होश में

रह गई इक मुस्कुराहट-सी 'शकील'
जज़्ब[10] होकर उस लब-ए-ख़ामोश[11] में

---

1. ख़ुदा की दया 2. जोश, कशिश 3. गोद 4. शराबी के पाँव की नोक 5. प्याला 6. शराबी के हाथ में 7. गूँज 8. कान 9. झगड़ा करने वाला 10. घुलना 11. चुप होंठ

(12)

राज़-ए-उल्फ़त[1] अयाँ[2] है क्या कहिये
हर नज़र ख़ुद ज़बाँ है क्या कहिये

मौत क्या ज़िन्दगी की इक करवट
ज़िन्दगी जाविदाँ[3] है क्या कहिये

एक दिल और हज़ार तनक़ीदें [4]
अपनी अपनी ज़बाँ है क्या कहिये

चल पड़े जिस तरफ़ क़दम उट्ठे
अपनी मंज़िल कहाँ है क्या कहिये

इश्क़ नाकामयाब हो न सका
सई-ए-ग़म रायगाँ[5] है क्या कहिये

इक नज़र का तेरी जवाब नहीं
दिल बहुत नातवाँ[6] है क्या कहिये

---

1. मौहब्बत का राज़ 2. ज़ाहिर 3. सदैव 4. आलोचना 5. बेकार की कोशिश 6. कमज़ोर।

(13)

मुझसे खफ़ा-खफ़ा भी हैं और ग़म-ए-बरहमी[1] भी है
मौत के डर के साथ-साथ दावत-ए-ज़िन्दगी भी है

मस्त-ए-शराब-ए-हुस्न[2] हूँ, औज[3] पे तशनगी[4] भी है
वो मेरे सामने भी हैं, आँख उन्हें ढूँढती भी है

मस्त से खौफ़-ओ-आर[5] क्या, सदमा-ए-रोज़गार क्या
दिल है तो दिल्लगी भी है, ग़म है तो ज़िन्दगी भी है

कैफ़-ए-शब-ए-बहार[6] भी, जलवा-ए-हुस्न-ए-यार भी
चान्द को चान्द क्या कहें, चान्द में रौशनी भी है

लोग ये कह उठे तमाम, सुन के 'शकील' का कलाम[7]
नग़मा नवाज़ियाँ[8] भी हैं शेर में पुख़तगी[9] भी है

---

1. नाराज़ 2. हुस्न की शराब में मस्त 3. अधिकता 4. प्यास 5. झिझक 6. बहार की रात का मज़ा 7. शायरी 8. बजाना 9. मजबूती।

(14)

शिकवा[1]-ए-इज़्तराब[2] कौन करे
अपनी दुनिया खराब कौन करे

गिन तो लेते हैं उँगलियों पे गुनाह[3]
रहमतों[4] का हिसाब कौन करे

इश्क़ की तल्ख़ कामियों[5] के निसार
ज़िन्दगी कामयाब कौन करे

दावत-ए-मयकशी उन आँखों में
जुर्रत[6]-ए-इज़्तराब कौन करें

दिल का आईना सामने लाकर
तुझ को तेरा जवाब कौन करे

हम से मयकश जो तौबा कर बैठें
फिर ये कार-ए-सवाब[7] कौन करे

ग़र्क़-ए'जाम-ओ-शराब[8] होके 'शकील'
शग़ल[9]-ए-जाम-ओ-शराब कौन करे

---

1. शिकायत 2. बेचैनी 3. पाप 4. दया 5. नाकामी 6. हिम्मत 7. पुण्य का कार्य 8. शराब के प्याले में डूबना 9. कार्य में व्यस्त होना।

(15)

फिर उट्ठी दिल में इक मौज-ए-शबाब आहिस्ता-आहिस्ता
फिर आया ज़िन्दगी में इंकलाब[1] आहिस्ता-आहिस्ता

समाकर मुझ में आइने-शबाब आहिस्ता-आहिस्ता
बना देगा मुझे अपना जवाब आहिस्ता-आहिस्ता

ये महफ़िल ज़ाहिदान-ए-ख़ुश्क[2] की महफ़िल है ऐ रिन्दों[3]
जरा इस बज़्म[4] में ज़िक्र-ए-शराब[5] आहिस्ता-आहिस्ता

मिरी नज़रें मुझी को रफ्ता रफ़्ता[6] भूले जाती हैं
हुए जाते हैं जलवे[7] कामयाब आहिस्ता-आहिस्ता

न कहिये, हाँ न कहिये आपको मुझसे मोहब्बत है
निग़ाहें ख़ुद ही दे देंगी जवाब आहिस्ता-आहिस्ता

'शकील' इस दर्जा[8] मायूसी[9] शुरू-ए-इश्क़ में कैसी
अभी तो और होना है ख़राब आहिस्ता-आहिस्ता

---

1. बदलाव 2. नेक लोग 3. शराब पीने वाले 4. महफ़िल 5. शराब पीने की बात 6. धीरे-धीरे 7. विशेष रूप 8. अधिक 9. निराशा।

(16)

इलाही[1] क्या यही है हासिल-ए-तक़दीर-ए-इन्सानी[2]
जिधर देखो परेशानी, परेशानी, परेशानी

ज़बानी क्या मौहब्बत की यकायक शोला अफ़शानी[3]
मौहब्बत क्या बस इक काफ़िर नज़र की सहर सामानी[4]

बस इक उनके न होने से ये बरबादी, ये वीरानी
किसी ने लूट ली जैसे बहार-ए-बज़्म-ए-इमकानी[5]

तसव्वुर[6] है कि इक शहर-ए-तिलिस्मात-ए-ब्याबानी[7]
न हंगामा, न खामोशी, न आबादी न वीरानी

मुझे समझा न ऐ नासिह[8], तुझे समझा चुका हूँ, मैं
अगर इस पर भी ज़ालिम, तू न समझे, तेरी नादानी

जो सच पूछो हक़ीक़त में वही दिल है कि हो जिसमें
क़यामत ख़ेज़[9] जज़्बात-ए-मौहब्बत की फरावानी[10]

---

1. ख़ुदा 2. व्यक्ति की तक़दीर का परिणाम 3. आग बरसाना 4. जादू का सामान 5. बहार का मौसम आने की आशा 6. कल्पना 7. जंगल में एक जादूई नगर 8. नसीहत करने वाला 9. प्रलय उत्पन्न करने वाले 10. अधिकता।

(17)

रंग-ए-सनमकदा[1] जो जरा याद आ गया
टूटी वो बिजलियाँ कि ख़ुदा याद आ गया

हर चन्द दिल को तर्क-ए-मौहब्बत[2] का था ख्याल
लेकिन किसी का एहद-ए-वफ़ा[3] याद आ गया

जैसे किसी ने छीन ली रंगीनी-ए-बहार[4]
क्या जानिए बहार में क्या याद आ गया

रहमत[5] नज़र बचा के निकलने को थी मगर
वो इरतिआश[6]-ए-दस्त-ए-दुआ याद आ गया

अल्लाह रे सितम कि उन्हें मुझको देखकर
सब कुछ मौहब्बतों के सिवा[7] याद आ गया

---

1. महबूब का घर 2. मौहब्बत समाप्त करना 3. मौहब्बत का वचन 4. बहार की रौनक़ 5. ख़ुदा की दया 6. कम्पन 7. सिवाए।

(18)

हम उनकी अन्जुमन का समां[1] बन के रह गए
सर ता क़दम निगाह-ओ-ज़बां बन के रह गए

पलटे मुक़द्दरात[2] कुछ इस तौर[3] से कि हम
तसवीर-ए-इन्कलाब-ए-जहाँ[4] बन के रह गए

क्या दिल न बन सकेगा तिरी इक निग़ाह से
जब दम ज़दन[5] में कौन-ओ-मकाँ[6] बज के रह गए

मज़्लूम[7] दिल की तल्ख़ नवाई[8] तो देखना
नग़मे जो लब तक आए फ़ुग़ा[9] बन के रह गए

करते हम उनसे राज़-ए-मौहब्बत पे गुफ़्तुगू[10]
लेकिन वो ख़ुद ही राज़-ए-निहाँ[11] बन के रह गए

जब हम हैं और हक़ीक़त-ए-आलाम[12] ऐ 'शकील'
लम्हें[13] खुशी के ख्वाब-ए-गराँ[14] बन के रह गए

---

1. वातावरण 2. क़िस्मत 3. तरीका 4. दुनिया का बदलाव 5. एक क्षण 6. संपूर्ण सृष्टि 7. दुखी 8. कड़वी बातें 9. फरियाद 10. बातचीत 11. छुपा हुआ राज़ 12. दुखों की सच्चाई 13. क्षण 14. बोझल स्वप्न।

(19)

ज़िन्दगी उनकी चाह में गुजरी
मुस्तक़िल[1] दर्द-ओ-आह में गुज़री[2]

रहमतों[3] से निबाह में गुज़री उम्र सारी गुनाह में गुज़री

सबकी नज़रों में सर बुलन्द रहे
जब तक उनकी निग़ाह में गुज़री

मैं वो इक रह रव-ए-मौहब्बत[4] हूँ
जिसकी मंज़िल भी राह में गुज़री

इक ख़ुशी हमने दिल से चाही थी
वो भी ग़म की पनाह[5] में गुज़री

ज़िन्दगी अपनी ऐ 'शकील' अब तक
तलख़ी-ए-रस्म-ओ-राह[6] में गुज़री

---

1. लगातार 2. बीती 3. दया 4. मौहब्बत के रास्ते पर चलने वाला 5. शरण 6. सम्बन्धों की कड़वाहट।

(20)

आलम[1] न पूछिए जो हमारा है आजकल
कश्ती भँवर में, दूर किनारा है आजकल

तेरे ही ग़म का दिल को सहारा है आजकल
बे कैफ़[2] ज़िन्दगी भी गवारा है आजकल

अल्लारे इन्क़लाब कि इक बादा ख़्वार[3] का
दो चार आँसुओं पे गुज़ारा है आजकल

वो दौर-ए-माहताब[4] यह रंग-ए-शब-ए-बहार[5]
फ़ितरत[6] ने गेसूओं[7] को सँवारा है आजकल

इक बार कह के फिर ये ज़बाँ से न कह सके
हम जिसके हो गए वो हमारा है आजकल

बाक़ी रहा था ज़िन्दा दिलों[8] में बस इक 'शकील'
वो भी ग़म-ए-फ़िराक़[9] का मारा है आजकल

---

1. हालत 2. फीकी 3. शराब पीने वाला 4. पूर्ण चन्द्रमा का समय 5. बहार की रात का मज़ा 6. प्रकृति 7. केस 8. खुश मिज़ाज 9. जुदाई का ग़म।

(21)

शायद आग़ाज़[1] हुआ फिर किसी अफ़साने का
हुक्म आदम[2] को है जन्नत से निकल जाने का

उनसे कुछ कह तो रहा हूँ, मगर अल्लाह न करे
वो भी मफ़हूम[3] न समझे मिरे अफ़साने का

देखना देखना ये हज़रत-ए-वाइज़[4] ही न हों
रास्ता पूछ रहा है कोई मयखाने[5] का

बेतअल्लुक[6] तिरे आगे से गुज़र जाता हूँ
ये भी इक हुस्न-ए-तलब[7] है तिरे दीवाने का

हश्र[8] तक गरमी-ए-हंगामा-ए-हस्ती है 'शकील'
सिलसिला ख़त्म न होगा मिरे अफ़साने का

---

1. प्रारम्भ 2. आदम नाम के अवतार, जिन्हें गेहूँ का दाना खाने की सज़ा में स्वर्ग से निकाल दिया था 3. अर्थ 4. धर्म प्रचारक 5. मधुशाला 6. बिना सम्बन्ध 7. मांगने का अन्दाज़ 8. प्रलय के बाद हिसाब का दिन।

(22)

जो है रायगाँ[1] तिरी जुस्तजू[2], ये मिरी नज़र की खता नहीं
मैं वो गर्द-ए-राहे[3] मजाज़ हूँ, जिसे ख़ुद ही अपना पता नहीं

ये नहीं कि बाब-ए-हरीम[4] से, जो तलब किया वो मिला नहीं
मगर इतनी बात जरूर है, कि असर बक़द्र-ए-दुआ[5] नहीं

मैं फ़रेब-ए-मर्ग से दर हूँ, कि तिरा ही परतव-ए-नूर हूँ
मिरी उम्र, उम्र-ए-दवाम[6] है, मुझे एतकाद-ए-फना[7] नहीं

कसम इरतकाब-ए-गुनाह[8] की, कसम इलतिफ़ात-ए-निग़ाह की
न वो मरतबा कोई पा सका जो तिरी नज़र से गिरा नहीं

वही एक सजदा है कारगर जो हो फ़िक्र-ओ-होश से मावरा[9]
वो हज़ार सजदे फ़िजूल[10] हैं जो रहीने-लग़ज़िश-ए-पा[11] नहीं

मैं 'शकील' दिल का हूँ तरजुमाँ[12] कि मौहब्बतों का हूँ राज़दां
मुझे फ़ख़्र है मिरी शायरी मिरी ज़िन्दगी से जुदा नहीं

---

1. बेकार 2. तलाश 3. रास्ते की धूल 4. ख़ुदा का द्वार 5. प्रार्थना के बराबर 6. सदैव का जीवन 7. मिटना 8. जुर्म करना 9. वंचित 10. बेकार 11. पैरों की लड़खड़ाहट 12. भाव प्रकट करने वाला।

(23)

जफ़ाओं[1] पर मलाल[2] आता तो होगा
उन्हें मेरा ख़याल आता तो होगा

छलकते होंगे जब आँखों में आँसू
वो दौर-ए-इंफ़िआल[3] आता तो होगा

सर-ए-बज़्म-ए-तसव्वुर[4] शिकवा[5] बरलब[6]
कोई आशुफ़ता हाल[7] आता तो होगा

शब-ए-फुर्क़त[8] की तन्हाई में अक्सर
मुसर्रत[9] पर ज़वाल[10] आता तो होगा

वो पा लेते तो होंगे दिल पे काबू
उन्हें ये भी कमाल आता तो होगा

---

1. अत्याचार 2. रंज, अफसोस 3. शर्मिन्दगी का समय 4. कल्पित महफ़िल में 6. शिकायत 6. होठों पर 7. परेशान, दुःखी 8. जुदाई की रात 9. ख़ुशी, प्रसन्नता 10. पतन।

(24)

ज़िक्र-ए-जफ़ा[1] किए बगैर अब न क़रार आएगा।
जा के मना ही लेंगे हम जब कोई रूठ जाएगा

मौज में आ के दिल कभी नग़मा-ए-ग़म जो गाएगा
आलम-ए-रंग-ओ-बू[2] तमाम दर्द में डूब जाएगा

कहर[3] भरी निग़ाह से अक्स-ए-हसीं[4] न देखिए
जज़्ब-ए-निग़ाह[5] की क़सम आईना टूट जाएगा

रह रव-ए-इश्क़[6] हूँ 'शकील' राह नुमा से मुझको क्या
राहनुमा[7] भी मेरे साथ रास्ता भूल जाएगा

---

1. सितम का उल्लेख 2. रंग व ख़ुशब की हालत 3. क्रोध 4. सुन्दरता की परछाई 5. आँखों का खिंचाव 6. प्रेम के रास्ते पर चलने वाला 7. रास्ता दिखाने वाला।

(25)

रंग बदल के रह गया गुलशन-ए-रोज़गार[1] भी
हमसे खफ़ा वो क्या हुए रूठ गई बहार भी

नख़वत[2]-ए-बे अमाँ के साथ शोख़ी-ए-इंकिसार[3] भी
कितना सितम ज़रीफ़[4] है, हुस्न-ए-सितम शिआर[5] भी

आ ही गए वो रू ब रू वादा-ए-नौ किए हुए
जुर्म-ए-लतीफ़ बन गई लग़ज़िश-ए-एतबार[6] भी

इतनी मुशाबहत[7] रही मुझ में तिरे ख्याल में
दीदा-ओ-दिल[8] न पा सके, फ़ुरसत-ए-इन्तिज़ार भी

लज़्जत-ए-यास-ओ-लुत्फ-ए-ग़म क़ल्ब[9]-ए-हज़ीं[10] से पूछ ले
ग़मकदा-ए-हयात है, जन्नत-ए-रोज़गार भी

हैं रविशें[11] जुदा जुदा हूँ मैं बयक ज़माँ[12] 'शकील'
हासिल[13]-ए-जौक़-ए-शेर भी, माइल[14]-ए-रोज़गार भी

---

1. चमन का कारोबार 2. घमण्ड 3. नम्रता 4. सितम करना 5. आदत 6. भरोसे का डगमगाना 7. झलक 8. नेत्र व हृदय 9. दिल, हृदय 10. दुखी 11. तरीके 12. दुनिया में एकमात्र 13. उठाने वाला 14. खिंचना।

(26)

ज़िन्दगी मदहोश[1] होकर रह गई
उन से हम आग़ोश[2] होकर रह गई

मैं ने जब देखा तो वो बर्क़-ए-जमाल[3]
दफ़अतन[4] रूपोश[5] होकर रह गई

इश्क़ परवानों को था वो जल गए
शम्मा क्या ख़ामोश होकर रह गई

लीजिए चिल्लाए दामन की हवा
आरज़ू[6] बेहोश होकर रह गई

खुल तो जाएगी ज़बाँ[7] उनके हुज़ूर
और अगर ख़ामोश होकर रह गई

---

1. बेहोश, भौंचक्का, 2. गले मिलना 3. खूबसूरती की चकाचौंध 4. एक क्षण में 5. छुपना 6. इच्छा 7. बोली।

(27)

उनको शरहे-ग़म[1] सुनाई जाएगी
आग पानी में लगाई जाएगी

खिंचके देखेंगे किसी से एक बार
यूँ भी क़िस्मत आज़माई जाएगी

तेरी नज़रों में है जो तासीरे[2]-जज़्ब[3]
अब मिरे नालों[4] में पाई जाएगी

मेरी सुबहे-ज़िन्दगी की इक झलक
डूबते तारों में पाई जाएगी

आप ही कहिये कि मौज-ए-इज़्तराब[5]
आप से क्यूँ कर छिपाई जाएगी

राज़ रख राज़-ए-मौहब्बत ऐ 'शकील'
ये ग़ज़ल महफ़िल में गाई जाएगी

---

1. दुःखों की दास्तान 2. गुण 3. घुली हुई 4. दुखी आवाज़ 5. बेचैनी की लहर।

(28)

हुस्न पाबन्द-ए-रह-ओ-रस्म-ए-वफ़ा[1] क्यों न रहा
हाय पहला-सा मौहब्बत में मज़ा क्यों न रहा

अकसर आता है ग़म-ए-इश्क़ में वो भी आलम[2]
सोचता हूँ तिरी नज़रों से जुदा क्यों न रहा

बेख़ुदी[3] दायरा-ए-होश[4] में आ ही जाती
और दो चार घड़ी परदा उठा क्यों न रहा

तेरी अफ़सुर्दा[5] निगाही से ये शिकवा[6] है कि मैं
राज़ बनकर तिरे सीने में छुपा क्यों न रहा

हुस्न के हुस्न-ए-निदामत[7] की क़सम क्या कहिए
दिल को अब हौसला-ए-तर्क-ए-वफ़ा[8] क्यों न रहा

दी सदाएँ दर-ए-इन्सान[10] पे इसां ने 'शकील'
हाय दुनिया में ग़रीबों का ख़ुदा क्यों न रहा

---

1. मौहब्बतों की रस्मों का पाबन्द 2. समय 3. अचेतना 4. होश की सीमा 5. दुखी 6. शिकायत 7. शर्मिन्दगी का अन्दाज़ 8. मौहब्बत समाप्त करना 9. आवाजें 10. आदमी के दरवाज़े पर।

(29)

तम्हीद-ए-सितम[1] और है तकमील[2]-ए-ज़फ़ा[3] और
चखने का मज़ा और है पीने का मज़ा और

तासीर[4] तो तासीर तसव्वुर[2] है गुरेज़ाँ[6]
रातों को ज़रा माँगिये उठ उठ के दुआ और

दोनों ही बिना-ए-कशिश-ओ-जज़्ब[7] हैं लेकिन
नग़मों की सदा और है नालों की सदा और

ऐ फ़ितरत-ए-ग़म[8] ज़ीस्त[9] ही क्या कम थी मुसीबत
नाज़िल हुई[10] उस पर ये मौहब्बत की बला[11] और

टकरा के वहीं टूट गए शीशा-ओ-साग़र
मयख्वारों के झुर्मुट में जो साक़ी[12] ने कहा और

वो ख़ुद नज़र आते हैं जफ़ओं[13] पे पाशिमाँ[14]
क्या चाहिए और तुझको 'शकील' इसके सिवा और

---

1. जुल्म का आरम्भ 2. पूर्ण होना 3. सितम 4. असर 5. कल्पना 6. भारी, कठिन 7. खिंचाव का कारण 8. ग़म की प्रवृत्ति 9. जीवन 10. उतरना 11. मुसीबत 12. शराब पिलाजे वाला 13. सितम 14. शर्मिन्दा।

(30)

तग़ाफ़ुल[1] भी, बेमेहरियाँ[2] भी, जफ़ा भी
ये सब कुछ सर आँखों पे लेकिन ख़ता भी

बहुत कुछ किया ज़ब्त[3] अश्कों[4] पे लेकिन
उन आँखों पे बार-ए-निदामत[5] उठा भी

मैं इस जज़्ब-ए-मोहकम के कुरबान जाऊँ
तुझी से मौहब्बत है तेरे सिवा[6] भी

बक़ैद[7]-ए-जुनं-ओ-ख़िरद[8] है वो जलवा
हुजूर-ए-नज़र भी, नज़र से जुदा भी

नज़र बाज़ कर लें ख़ुदी[9] को मुकम्मल[10]
ख़ुदी के हिजाबात[11] में है ख़ुदा भी

---

1. उपेक्षा 2. रूखापन 3. बर्दाश्त 4. आँसू 5. शर्मिन्दगी का बोझ 6. अतिरिक्त 7. क़ैद में 8. बुद्धि 9. स्वाभिमानता 10. पूर्ण 11. पर्दा।

(31)

आँख से आँख मिलाता है कोई
दिल को खींचे लिए जाता है कोई

वाय हैरत[1] कि भरी महफ़िल में
मुझको तन्हा नज़र आता है कोई

सुबहा की मस्त फ़ज़ाओं[2] की क़सम
रोज़ आ आ के जगाता है कोई

मंज़र-ए-हुस्न-ए-दोआलम[3] के निसार[4]
मुझको आईना दिखाता है कोई

चाहिये ख़ुद पे यकीन-ए-कामिल[5]
हौसला[6] किस का बढ़ाता है कोई

सब करिश्मात[7]-ए-तसव्वुर[8] हैं 'शकील'
वरना आता है न जाता है कोई

---

1. अचंभे की बात 2. वातावरण 3. सृष्टि की सुन्दरता का दृश्य 4. न्योछावर 5. पक्का यक़ीन 6. हिम्मत 7. दृश्य 8. कल्पना।

(32)

था दिल को सुकूँ[1] इश्क़-ए-जुनूँगीर[2] से पहले
गर्दिश[3] ही न थी गर्दिश-ए-तक़दीर से पहले

अब क़ीमत-ए-यक मौज-ए-नफ़स[4] हो गई मालूम
कुछ भी तो न था आह में तासीर[5] से पहले

ऐ साया-ए-दामान-ए-करम[6] ढूंढने वालो
अंजाम भी सोचा कभी तक़सीर[7] से पहले

दुनिया मिरी तसवीर पे बेकार है, नाकिद[8]
दुनिया ही कहाँ थी मिरी तसवीर से पहले

ये महफ़िल-ए-रिन्दाँ[9] है यहाँ हज़रत-ए-वाइज़[10]
उनवान[11] बता दीजिए तक़रीर[12] से पहले

---

1. चैन 2. पागलपन का घेरना 3. घुमाव 4. जीवन की एक लहर का मूल्य 5. गुण 6. किसी की मेहरबानी की छांव 7. गुनाह 8. आलोचना करने वाले 9. शराबियों की महफ़िल 10. धर्म प्रचारक 11. शीर्षक 12. भाषण।

(33)

मेरी दीवानगी नहीं जाती
रो रहा हूँ हंसी नहीं जाती

तेरे जलवों से आशकार[1] हूँ मैं
चाँद की चाँदनी नहीं जाती

तर्क-ए-मय[2] ही समझ इसे नासिह[3]
इतनी पी है कि पी नहीं जाती

जब से देखा है उनको बेपर्दा
नख़वत[4]-ए-आगही[5] नही जाती

शोख़ी-ए-हुस्न-ए-बे इमाँ[6] की क़सम
हुस्न की सादगी नहीं जाती

उनकी दरयादिली[7] को क्या कहिये
मेरी तिश्ना-लबी[8] नहीं जाती

---

1. प्रगट होना 2. शराब छोड़ना 3. नसीहत करने वाला 4. घमण्ड 5. पूर्व परिचय 6. धर्म नष्ट करने वाली सुन्दरता की अदाएँ 7. हृदय की विशालता 8. होंठों की प्यास।

(34)

ग़म-ए-हयात[1] भी आग़ोश-ए-हुस्न-ए-यार[2] में है
यह वो ख़िज़ां[3] है जो डूबी हुई बहार में है

असर शराब का एहद[4]-ए-वफा-ए-यार में है
क़दम क़दम पे जो लग़ज़िश[5] सी ऐतबार[6] में है

शगुफतगी[7]-ए-दिल-ए-कारवां को क्या समझे
वो इक निग़ाह जो उलझी हुई ग़ुबार[8] में है

शकस्त[9]-ए-होसला-ए-ज़ब्त-ए-ग़म[10] मुझे मंजूर
चले भी आओ कि दिल कब से इंतिज़ार में है

ये इज़तराब[11] का आलम, ये शौक़-ए-बेपायाँ[12]
'शकील' आज बिला शुब्हा[13] कूए-यार[14] में है

---

1. जीवन का ग़म 2. महबूब की गोद 3. पतझड़ का मौसम 4. वायदा 5. लड़खड़ाहट 6. भरोसा 7. खिली हुई 8. धूल 9. हार 10. ग़म बर्दाश्त करना 11. बेचैनी 12. असीम 13. बिना संदेह 14. महबूब की गली।

(35)

रूह[1] को तड़पा रही है उन की याद
दर्द बन कर छा रही है उनकी याद

इश्क़[2] से घबरा रही है उन की याद
रुकते रुकते आ रही है उन की याद

वो हंसे, वो ज़ेर-ए-लब[3] कुछ कह उठे
ख़्वाब[4] से दिखला रही है उनकी याद

मैं तो ख़ुद्दारी[5] का क़ायल[6] हूँ मगर
क्या करूं फिर आ रही है उन की याद

अब ख़्याल-ए-तर्क-ए-रब्त[7]-ओ-ज़ब्त[8] से
ख़ुद ब ख़ुद[9] शर्मा रही है उनकी याद

---

1. आत्मा 2. प्रेम 3. होंटों होंटों में 4. स्वप्न 5. गर्व 6. मानने वाला 7. मित्रता तोड़ने का विचार 8. बर्दाश्त 9. अपने आप।

(36)

क्यों न तक़दीर[1] पे हो नाज़-ओ-नअम[2] आज की रात
सुन रहे हैं वो मिरा किस्सा-ए-ग़म आज की रात

उठ गई मेरी तरफ चश्म-ए-करम[3] आज की रात
छुप गए दामन-ए फ़र्दा[4] से सितम आज की रात

बदगुमानी[5] हुई जाती है यक़ीं[6] दर आग़ोश[7]
खा रहे हैं वो मौहब्बत की क़सम आज की रात

सोचता हूँ मैं बई आलम-ए-फ़र्दा[8] से ख़्याल
क्या हुई शिद्दत-ए-एहसास-ए-अलम[9] आज की रात

निगह-ए-लुत्फ़-ए-मसीहा[10] से भी तिस्की[11] न हुई
दर्द पहले से ज़्यादा[12] है न कम आज की रात

---

1. क़िस्तम 2. नाज नख़रे 3. मेहरबानी की आँख 4. भविष्य का दामन 5. बुरा संदेह 6. यकीन 7. गोद 8. भविष्य की कल्पना 9. दुख की तीव्रता का अनुभव 10. जीवन देने वाले की निग़ाह 11. ढारस, तसल्ली 12. अधिक।

(37)

अर्ज़-ए-फ़ितरत-ए-आदम[1] को रुसवा[2] कर रहा हूँ मैं
ख़ुदा को भूल कर इंसाँ को सजदा[3] कर रहा हूँ मैं

सुकून-ओ-ऐश[4] के सामाँ[5] मुहईया[6] कर हूँ मैं
हयात-ए-चन्द रोज़ा[7] पर भरोसा कर रहा हूँ मैं

तिरे पर्दे में ख़ुद अपनी तमन्ना[8] कर रहा हूँ मैं
अरे तौबा मौहब्बत को भी रुसवा कर रहा हूँ मैं

गुरूर[9]-ए-बेनियाजी[10] ख़ुदनुमाई[11]-ओ-ख़ुद आराई[12]
जो तुझ में है वही अंदाज[13] पैदा कर रहा हूँ मैं

बजा तर्क-ए-वफा की कोशिशें लेकिन तअज्जुब है
ये बेजा ज़हमतें[14] क्यों कर गवारा कर रहा हूँ मैं

---

1. आदम की प्रवृत्ति 2. बदनाम 3. दण्डवत 4. शान्ति और सुख 5. सामान 6. इकट्ठा 7. थोड़े दिन का जीवन 8. इच्छा 9. घमण्ड 10. लापरवाही 11. दिखावा 12. अपने आप को सजाना 13. तरीका 14. कष्ट

(38)

बहुत कुछ हो चुकी हैं ज़िन्दगी में खामियाँ[1] पैदा
ज़रूरत है नए सर[2] से हो फिर बज़्म-ए-जहाँ[3] पैदा

तग़ाफ़ूल[4] दर नज़र पिन्हाँ[5] शिकायत बरज़बाँ[6] पैदा
ये क्या शै[7] हो गई है मेरे उनके दरमियाँ[8] पैदा

चमन में रौनक़-ए-फ़स्ल-ए-बहाराँ देखने वाले
चमन ही के किसी गोशे[9] से होती है ख़िज़ाँ[10] पैदा

तअज्जुब[11] है वो क्यों कर ज़िन्दगी को मुँह दिखाते हैं
जो दुनिया में हुए जीने को बे नाम-ओ-निशाँ पैदा

वो नाकाम-ए-मौहब्बत हूँ जिसे बा वस्फ़-ए-रुसवाई[12] कोई हमदम मयस्सर[13] है न कोई राज़दाँ[14] पैदा

---

1. कमज़ोरियाँ, त्रुटियाँ 2. ढंग 3. दुनिया की महफ़िल 4. उपेक्षा 5. छुपा हुआ 6. ज़ुबान पर 7. वस्तु 8. बीच में 9. कोने 10. पतझड़ 11. अचंभा 12. बदनामी का कारण 13. प्राप्त होना 14. भेद रखने वाला।

(39)

मुसर्रत[1] दूर रहती है तो दिल को ग़म नहीं होता
अजब होता है आलम[2], जब कोई आलम नहीं होता

मिरे हुस्न-ए-यक़ीं में इज्ज़[3] शामिल होता जाता है
मैं क़ुरबाँ[4] ऐसे वादे पर जो मुस्तहकम[5] नहीं होता

सुन ऐ गीराई-ए-रहमत[6] पे छींटे फेंकने वाले
तुझे मालूम है दरिया कभी शबनम नहीं होता

सितम है दास्तान-ए-लग़ज़िश[7]-ए-आदम की रुसवाई
कभी महफ़िल में ज़िक्र-ए-अज़मत[8]-ए-आदम नहीं होता

अगर उनकी नज़र आमाद[9]-ए-मेहर-ओ-वफा[10] होती
तो मुझको शिकवा-ए-बे मेहरि-ए-आलम[11] नहीं होता

वही कैफ़-ए-निशात आगीं[12], वही रानाई-ए-पिंहाँ[13]
मजाक़-ए-इश्क़ हुस्न-ए-यार से कुछ कम नहीं होता

---

1. ख़ुशी 2. हालत 3. नम्रता 4. क़ुरबान 5. पक्का , अटूट 6. ख़ुदा की कृपा 7. लड़खड़ाहट 8. बड़प्पन 9. सहमत होना 10. मौहब्बत और मेहरबानी 11. दुनिया की बेवफ़ाई की शिकायत 12. ख़ुशी से भरा हुआ 13. छुपी हुई सुन्दरता।

(40)

शाम-ए-अलम[1] जब रंग दिखाए
शम्मा-फिरोज़ाँ[2] क्यों न करें

मौसम-ए-गुल है गुल का जुनूं[3]
और गुल का जुनूं है अपना जुनूं

मौसम-ए-गुल में हंस हंस करे
हम चाक गरेबाँ[4] क्यों न करे

उनके भी आख़िर सीने में दिल है
दिल में ख़लिश[5] भी टीस[6] भी है

फिर वो ब क़ैद-ए-दर्द-ए-मौहब्बत
पुरसिश[7]-ए-पिंहाँ[8] क्यों न करें

---

1. दुखों की सांझ 2. रौशन, जगमगाना 3. पागलपन 4. दामन फाड़ना 5. जलन 6. दर्द 7. पूछताछ 8. छुपी हुई, गुप्त।

(41)

दिल के बहलाने की तदबीर[1] तो है
तू नहीं है तिरी तसवीर तो है

हमसफ़र[2] छोड़ गए मुझको तो क्या
साथ मेरे मिरी तक़दीर तो है

क़ैद से छूट के भी क्या पाया
आज भी पांव में ज़ंजीर तो है

क्या मजाल[3] उनकी न दें ख़त का जवाब
बात कुछ बाइस-ए-ताख़ीर[4] तो है

पुरसिश-ए-हाल[5] को वो आ ही गए
कुछ भी हो इश्क़ में तासीर[6] तो है

ग़म की दुनिया रहे आबाद 'शकील'
मुफ़लिसी[7] में कोई जागीर[8] तो है

---

1. उपाय 2. यात्रा के साथी 3. हिम्मत 4. देरी का कारण 5. पूछताछ बीमार की 6. असर 7. गरीबी 8. धन दौलत, सम्पत्ति।

(42)

नए बागबाँ[1] ने चमन बेच डाला
घटा देखकर हुस्न-ए-ज़न[2] बेच डाला

मुक़द्दर में मिट कर भी उरयानियाँ[3] थी
जनाज़े ख़रीदे कफ़न बेच डाला

जुनूँ[4] जिस को दुनिया से मनवा रहा था
ख़िरद[5] ने वहाँ इल्म[6]-ओ-फ़न[7] बेच डाला

दर-ए-ख़ुसरवीं[8] की गुलामी तो ले ली
मगर जज़्बा-ए-कोहकन[9] बेच डाला

---

1. चमन का माली 2. स्त्री की सुन्दरता 3. नंगापन 4. प़ागलपन 5. बुद्धि 6. शिक्षा 7. कला 8. नाम एक बादशाह का 9. पहाड़ खोदने वाला

(43)

नग़मा-ए-इश्क़[1] सुनाता हूँ मैं इस शान के साथ
रक़्स[2] करता है ज़माना मेरे वजदान[2] के साथ

है मेरा जौक़-ए-जुनूं[4] कुफ़्र-ओ-ख़िरद की ज़द[5] में
ऐ ख़ुदा अब तो उठा ले मुझे ईमान के साथ

दिल बना दोस्त तो क्या क्या न सितम उसने किए
हम भी दाना[6] थे निभाते रहे नादान के साथ

दाग़ माथे पे चले शेख़-ओ-बेहमन ले कर
आए थे दैर-ओ-हरम[7] तक बड़े अरमान के साथ

ग़म-ए-जानां, ग़म-ए-हस्ती, ग़म-ए-हालात 'शकील'
क्या कहूँ कितनी बलाएँ हैं मिरी जान के साथ

---

1. मौहब्बत का गीत 2. नाचना 3. झमना 4. पागलपन 5. निशाना 6. होशियार 7. काबा व बुतख़ाना।

(44)

तुमने ये क्या सितम किया, ज़ब्त[1] से काम ले लिया
तर्क-ए-वफा[2] के बाद भी मेरा सलाम ले लिया

रिन्द-ए-शराब नोश[3] की बेअदबी तो देखिए
नीय्यतए-मय कशी[4] न की, हाथ में जाम ले लिया

हाय वो पैकर-ए-हवस[5], आह वो ख़ूगर-ए-क़फ़स[6]
बेच के जिसने आशियाँ[7] हलक़ा-ए-दाम[8] ले लिया

बादा कशान-ए-इश्क़[9] को कुछ तो मिला पए-सुकूं
हुस्न-ए-सहर[10] न ले सके, जलवा-ए-शाम ले लिया

नामा[11]-ए-शौक़ पढ़ के वो खो गए यक[12] ब यक 'शकील'
मुंह से तो कुछ न कह सके, दिल से प्याम[13] ले लिया

---

1. बरदाश्त 2. मौहब्बत समाप्ति 3. शराब पीने वाला 4. शराब पीने की नियत 5. हवस की मूर्ति 6. क़ैद खाने का क़ैदी 7. घोंसला 8. जंजीर की कड़ी 9. मौहब्बत की शराब खींचने वाले 10. सुबह 11. ख़त, पत्र 12. अचानक 13. संदेश।

(45)

ग़म-ए-जहाँ के फ़साने तलाश करते हैं
ये फ़ितनागर[1] तो बहाने तलाश करते हैं

रुबाब[2]-ए-अमन-ओ-सुकूं[3] के हसीन तारों में
शिकस्त-ए-दिल[4] के तराने[5] तलाश करते हैं

ये इंतहा है जुनून-ए-हवस परस्ती[6] की
पराये घर में खजाने तलाश करते हैं

नये निज़ाम[7] की बुनियादें[8] तोड़ने के लिए
वफ़ा-शिआर[9] पुराने तलाश करते हैं

सितम नवाज़[10] दिलों को जो साज़गार[11] न हो
'शकील' हम को जमाने तलाश करते हैं

---

1. झगड़ा करने वाले 2. साज़ का नाम 3. शान्ति 4. हारे हुए दिल 5 गीत 6. हवस के पागलपन की 7. प्रबन्ध 8. नींव 9. मौहब्बत करने वाले 10. सितम चाहने वाले 11. मुआफ़िक़।

(46)

तोहमत[1]-ए-आब[2]-ओ-गिल[3] उठा न सकी
ज़िन्दगी ज़िन्दगी को पा न सकी

अक़्ल[4] ने भी जुनूं का रूप भरा
लेकिन इस रूप को निभा न सकी

रब्त[5]-ए-बाहम[6] तो देखिए कि बहार
उनसे पहले चमन में आ न सकी

हाय वो बदनसीब परवाने
शम्मा जिन को कभी जला, न सकी

रूह[7] जब तक हुई न हम आवाज़[8]
ज़िन्दगी साज़-ए-नौ[9] पे गा न सकी

कितनी वुसअत[10] है दो जहाँ में 'शकील'
मेरी हस्ती[11] मगर समा न सकी

---

1. इन्तज़ाम 2. पानी 3. मिट्टी 4. बुद्धि 5. प्रस्थान 6. एक दूसरे से 7. आत्मा 8. आवाज़ मिलाना 9. नया साज़ 10. फैलाव 11. शरीर।

(47)

दिल मरकज़[1]-ए-हिजाब[2] बनाया न जाएगा
उनसे भी राज़-ए-इश्क़ छुपाया न जाएगा

आँखों में अश्क[3], क़ल्ब परेशाँ[4], नज़र उदास
इस तरह उनको छोड़ के जाया न जाएगा

वो ख़ुद कहें तो शरहे-मौहब्बत[5] बयाँ[6] करूं
नग़मा बगैर साज़ सुनाया न जाएगा

बेहतर यही है ज़िक्र-ए-मौहब्बत न छेड़िये
नक़शा बिगड़ गया तो बनाया न जाएगा

दिल की तरफ़ 'शकील' तवज्जो[7] जरूर हो
ये घर उजड़[8] गया तो बसाया न जाएगा

---

1. केन्द्र 2. शर्म, झिझक 3. आँसू 4. परेशान दिल 5. मौहब्बत का हाल 6. व्याख्या 7. ध्यान 8. वीरान होना।

(48)

जलवा-ए-हुस्न-ओ-करम[1] का आसरा[2] करता हूँ मैं
जो ख़ता मुमकिन है मुझसे बेख़ता करता हूँ मैं

जब सुबूहीं[3] ले के विर्द-ए-मरहबा[4] करता हूँ मैं
ज़िन्दगी को नीन्द से चौंका दिया करता हूँ मैं

वो भी क्या दिन थे कि था पीने पिलाने से ही काम
हाय अब चार आँसूओं पर अपने इकतिफ़ा[5] करता हूँ मैं

देखने वाले मिरी खामोशी-ए-लब[6] को देख
आँखों आँखों में फसाना[7] कह दिया करता हूँ मैं

दिल लरज़[8] जाता है सुनकर हर सितारे का 'शकील'
चाँद से तनहाईयों[9] में कुछ कहा करता हूँ मैं

---

1. सुन्दरता की कृपा दृष्टि 2. भरोसा 3. प्रातःकाल की शराब 4. दर्द की तारीफ 5. संतोष 6. होंठों की खामोशी 7. कहानी 8. हिल जाना 9. एकांत।

(49)

ज़मीं पर फ़स्ल-ए-गुल[1] आई फ़लक[2] पर माहताब[3] आया
सभी आए मगर कोई न शायान-ए-शबाब[4] आया

मिरा ख़त पढ़ के बोले नामा बर[5] से जा ख़ुदा-हाफ़िज[6]
जवाब आया मिरी क़िसमत से लेकिन ला जवाब आया

उजाले गर्मी-ए-रफ़तार[7] का ही साथ देते हैं
बसेरा था जहाँ अपना वहीं तक आफ़ताब[8] आया

'शकील' अपने मज़ाक़-ए-दीद[9] की तकमील[10] क्या होती
इधर नज़रों ने हिम्मत की उधर रुख़[11] पर नक़ाब आया

---

1. बहारों का मौसम 2. आसमान 3. चन्द्रमा 4. जवानी के बराबर का 5. पत्रवाहक 6. ख़ुदा की शरण में 7. तीव्रगति 8. सूर्य 9. देखना 10. पूर्ण होना 11. चेहरा।

(50)

जुनूं[1] से गुज़रने को जी चाहता है
हंसी ज़ब्त[2] करने को जो चाहता है

जहाँ इश्क़ में डूबकर रह गए हम
वहीं फिर उभरने को जी चाहता है

वो हमसे ख़फ़ा[3] हैं हम उनसे खफ़ा हैं
मगर बात करने को जी चाहता है

है मुद्दत[4] से बेरंग नक़्श-ए-मौहब्बत[5]
कोई रंग भरने को जी चाहता है

निज़ाम-ए-दो आलम[6] की हो ख़ैर[7] या रब[8]
फिर एक आह करने को जी चाहता है

गुनाह-ए-मुकर्रर[9] 'शकील' अल्लाह अल्लाह
बिगड़ कर संवरने को जी चाहता है

---

1. पागलपन 2. बरदाश्त 3. नाराज़ 4. लम्बा समय 5.मौहब्बत के निशान 6. प्रबन्ध सारी दुनिया का 7. भलाई 8. ऐ ख़ुदा 9. पुनः पाप।

(51)

वो हमसे दूर होते जा रहे हैं
बहुत मग़रूर[1] होते जा रहे हैं

बदलती जा रही है दिल की दुनिया
नए दस्तूर[2] होते जा रहे हैं

वफ़ा[3] पर मर्दुमी[4] सी छा चली है
सितम काफ़ूर[5] होते जा रहे हैं

कभी वो पास आते जा रहे थे
मगर अब दूर होते जा रहे हैं

'शकील' एहसास[6]-ए-गुमनामी से कह दो
कि हम मशहूर[7] होते जा रहे हैं

---

1. घमण्डी 2. रीति 3. मौहब्बत 4. बेजान 5. ग़ायब होना 6. महसूस करने का भाव 7. प्रसिद्ध।

(52)

रानाई[1]-ए-बहार गुल-ओ गुलिस्ताँ गई
वो क्या गए कि रौनक़-ए-बज़्म[2]-ए-जहाँ गई

आख़िर ग़ुबार[3]-ए-राह[4]-ए-मौहब्बत भी छट गया
कुछ दूर तो निग़ाह पस-ए-कारवाँ[5] गई

ग़म हो कि इंबिसात[6] किसी को नहीं क़रार
फ़स्ल-ए-बहार आई तो फ़स्ल-ए-ख़िजाँ[7] गई

कहिए जनाब-ए-शैख़[8], ये मय[9] है ये मयक़दा[10]
अब आरज़ू-ए-कौसर-ओ-जन्नत[11] कहाँ गई

ऐ कामियाब सई[12]-ए-मदावा[13] खता मुआफ़
फिर क्या रहा जो लज्ज़त-ए-दर्द-ए-निहाँ[14] गई

---

1. खूबसरती 2. महफ़िल 3. धूल 4. रास्ता 5. कारवाँ के पीछे 6. ख़ुशी 7. पतझड़ का मौसम 8. नेक आदमी 9. शराब 10. मधुशाला 11. स्वर्ग में एक हौज़ का नाम 12. कोशिश 13. इलाज 14. दर्द की छुपी हुई मिठास।

(53)

जलवा-ए-मोतबर[1] को क्या कहिये
दिल नहीं दिल, नज़र को क्या कहिये

जो गुज़रते हैं आह तेरे बग़ैर[2]
ऐसे शाम-ओ-सहर[3] को क्या कहिये

इश्क़ ने पा लिया ख़ुद[4] अपना मक़ाम[5]
उन की पहली नज़र को क्या कहिये

दर रह कर भी पास है कोई
एहतमाम[6]-ए-नज़र को क्या कहिये

मुझ से ग़ाफ़िल[7] भी मेरी जानिब भी
एहतियात[8]-ए-नज़र को क्या कहिये

---

1. एतबार किया जाने वाला 2. तेरे बिना 3. सुबह 4. स्वयं 5. स्थान 6. सुप्रबन्ध 7. लापरवाह 8. सर्तकता।

(54)

तकमील[1]-ए-शबाब[2] चाहता हूँ
हो जाऊँ ख़राब चाहता हूँ

सर मारका-ए-अलम[3] है करना
थोड़ी सी शराब चाहता हूँ

हो ख़ैर[4] मोहब्बतों की या रब[5]
ज़ालिम से जवाब चाहता हूँ

वो मुझसे सवाल[6] कर रहे हैं
मैं उनसे जवाब चाहता हूँ

कुछ ऐसी हक़ीक़तें[7] हैं जिनको
पाबन्द-ए-हिजाब[8] चाहता हूँ

---

1. पूर्ण होना 2. मुकाबला जीतना 3. दुःख 4. भलाई 5. ऐ ख़ुदा 6. प्रश्न 7. सच्चाईयाँ 8. पर्दे में छुपा हुआ।

(55)

मिरी ज़िन्दगी है ज़ालिम तिरे ग़म से आशकारा[1]
तिरा ग़म है दर हक़ीक़त[2] मुझे ज़िन्दगी से प्यारा

वो अगर बुरा न मानें तो जहान-ए-रंग-ओ-बू[3] में
मैं सुकून-ए-दिल[4] की ख़ातिर[5] कोई ढूँढ लूं सहारा

मुझे तुझसे ख़ास निसबत[6] मैं रहीन-ए-मौज-ए-तूफ़ाँ[7]
जिन्हें ज़िन्दगी थी प्यारी उन्हें मिल गया किनारा

मुझे आ गया यक़ी[8] सा कि यही है मेरी मंज़िल[9]
सर-ए-राह[10] जब किसी ने मुझे दफ़अतन[11] पुकारा

ये ख़ूनक[12] ख़ूनक हवाएँ ये झुकी झुकी घटाएँ
वो नज़र भी क्या नज़र है जो समझ न ले इशारा[13]

कोई ऐ 'शकील' देखे ये जुनूँ[14] नहीं तो क्या है
कि उसी के हो गए हम जो न हो सका हमारा

---

1. प्रगट 2. हक़ीक़त में 3. इस रंगीन दुनिया में 4. दिल का चैन 5. लिए, वास्ते 6. सम्बन्ध विशेष 7. तुफ़ान की लहरों में पलने वाला 8. भरोसा 9. ठिकाना 10. रास्ते में 11. अचानक 12. ठण्डी 13. संकेत 14. पागलपन।

(56)

आँख उनको देखती है नज़ारा[1] किए बग़ैर[2]
पर्दे में छुप गए हैं वो पर्दा किए बग़ैर

ज़ाहिद[3] से पूछिए, ग़म-ए-दुनिया की अज़मतें[4]
उकबा[5] न मिल सका ग़म-ए-दुनिया किए बग़ैर

अकसर तो दिल गिरफ़तगी-ए-शौक़[6] की क़सम
मुझ तक वो आ गए हैं इरादा किए बगैर

हमको भी देखना है कि ये मुनकरीन-ए-इश्क़[7]
कब तक रहेंगे तेरी तमन्ना[8] किए बग़ैर

शेर-ओ-अदब की राह में हूँ गामज़न[9] 'शकील'
अपने मुखालिफीन[10] की परवा किए बगैर

---

1. दृश्य देखना 2. बिना 3. नेक 4. बड़ाईयाँ 5. मृत्यु के बाद का जीवन 6. शौक़ से दिल का पकड़ा जाना 7. मौहब्बत, नकारने वाले 8. इच्छा 9. चलते जाना 10. दुश्मन।

(57)

ख़ुशी न ग़म की, न ग़म ख़ुशी का
अजीब आलम[1] है ज़िन्दगी का

चिराग़-ए-अफ़ सुर्दा[2]-ए-मौहब्बत
न बुझ रहा है न जल रहा है

हज़ार तर्क-ए-वफ़ा[3] करूँ मैं
तिरी मौहब्बत का क्या करूँ मैं

दिल-ए-हज़ीं[4] तुझसे रूठकर भी
तिरे इशारे पे चल रहा है

---

1. हालत 2. मुरझाया हुआ 3. मौहब्बत समाप्त करना 4. दुखी दिल।

(58)

ये काली-काली घटा ये सावन
फ़रेब[1]-ए-ज़ाहिद[2] इलाही तौबा

वज़ू[3] में मसरूफ़[4] है बज़ाहिर[5]
हक़ीक़तन[6] हाथ मल रहा है

नहीं है दीपक के राग से कम
मौहब्बतों के गुदाज़[7] नग़मे

जो सुन रहा है वो फुँक रहा है
जो गा रहा है वो जल रहा है

'शकील' तफ़सीर-ए-शेर[8] अपनी
जो पूछते हो तो बस है इतनी

जो नाला[9] सीने में घुट रहा है
वो नग़मा[10] बनकर निकल रहा है

---

1. धोखा 2. शराब न पीने वाला 3. पवित्र होना 4. व्यस्त 5. देखने में 6. सच में 7. नर्म 8. कविता की व्याख्या 9. दुखी आवाज़ 10. गीत।

(59)

सुबह का अफ़साना कहकर शाम से
खेलता हूँ गर्दिश-ए-अय्याम[1] से

उनकी याद, उनकी तमन्ना[2], उनका ग़म
कट रही है ज़िन्दगी आराम से

लाख मैं दीवाना-ओ-रुसवा[3] सही
फिर भी इक निसबत[4] है तेरे नाम से

हर नफ़स[5] महसूस होता है 'शकील'
आ रहे हैं नामा-ओ-पैग़ाम[6] से

---

1. बुरे दिन 2. इच्छा 3. बदनाम 4. लगाव 5. समय 6. पत्र और सन्देश

(60)

इस दरजा बदगुमां हैं ख़ुलूस-ए-बशर[1] से हम
अपनों को देखते हैं पराई नज़र से हम

गुन्चों[2] से प्यार करके यह इज़्ज़त हमें मिली
चूमे क़दम बहार ने गुज़रे जिधर से हम

वल्लाह तुझ से तर्क-ए-ताल्लुक़[3] के बाद भी
अक्सर गुज़र गए हैं तेरी रह-गुज़र से हम

सिदक़-ओ-सफ़ा-ए-क़ल्ब[4] से महरूम है हयात[5]
करते हैं बन्दगी भी जहन्नुम के डर से हम

उक़बा[5] में भी मिलेगी यही ज़िन्दगी "शकील"
मर कर भी छुट न पायेंगे इस दर्द-ए-सर से हम

---

1. मनुष्य की नम्रता 2. फूलों 3. सम्बंध तोड़ने 4. हृदय की सच्चाई व पवित्रता 5. जीवन

(61)

ज़िन्दगी का दर्द लेकर इन्क़लाब आया तो क्या
एक दोशीज़ा[1] में ग़ुर्बत[2] में शबाब आया तो क्या

अब तो आंखों पर ग़म-ए-हस्ती के पर्दे पड़ गये
अब कोई हुस्न-ए-मुजस्सम बे-नक़ाब आया तो क्या

फिर वही जह्द-ए-मुसलसल[3] फिर वही फ़िक्रे मुआश[4]
मंज़िल-ए-जानां से कोई कामयाब आया तो क्या

बात जब है, ग़म के मारों को जिलादे[5] "शकील"
तो यह ज़िन्दा मय्यतें मिट्टी में दाब आया तो क्या

---

1. कन्या 2. गरीबी 3. निरन्तर संघर्ष 4. आजीविका की चिन्ता 5. जीवन

(62)

यूं तो आसां है कि अर्ज़े-ग़म पनहां[1] होजाए
और अगर अपने किए पर वो पशेमां होजाए

मेरे अरमां पर ज़रा सोच समझ कर हंसिए
मेरा अरमां न कहीं आप का अरमां होजाए

ले तो आया है मुक़द्दर सरे-साहिल[2] मुझको
अब न साहिल भी कहीं महरम-ए-तूफ़ां[3] होजाए

यह भी एक सूरत-ए-तरकींने-मुहब्बत[4] है "शकील"
वर्ना दिल और मुहब्बत में! परेशां होजाए

---

1. दुख का छुपना 2. किनारे पर 3. समुद्री तफ़ान 4. मन के सन्तोष का तरीका

(63)

हम हैं और उनकी ख़ुशी है आजकल
ज़िन्दगी ही ज़िन्दगी है आजकल

उनका ज़िक्र, उनकी तमन्ना, उनकी याद
वक़्त कितना क़ीमती हैं आजकल

चांद भी है सोगवार-ए-हिज्र[1] दोस्त
फीकी-फीकी चांदनी है आजकल

हासिले तर्क-ए-मुहब्बत देखना
अंजुमन सूनी पड़ी है आजकल

दिल में और मायूसियों में ऐ "शकील"
इत्तहाद-ए-बाहमी[2] है आजकल

---

1. जुदाई से उदास 2. आपसी एकता

(64)

फ़िज़ाओं[1] पर ख़ुशी छाई हुई थी
मुहब्बत जोश में आई हुई थी

नज़र पैगाम-ए-इश्रत[2] दे रही थी
तमन्ना करवटें सी ले रही थी

ताय्युन[3] की खुली जाती थी राहें
परेशां थी सितारों की निग़ाहें

सकूत-ए-शब[4] तिलिस्म-ए-रंग-ओ-बू था
तरन्नुम[5] ही तरन्नुम चार सू था

छिड़ा जाता था हर नायाब नग़मा
सिवा जाता था ख़ुद बेताब नग़मा

बड़ी दिलकश सदाऐं आरही थीं
मुसलसल रूह को तड़पा रही थीं

---

1. वातावरण 2. ख़ुशी का सन्देश 3. अपेक्षाएं 4. रात की शान्ति 5. संगीत

(65)

उनके बग़ैर हम जो गुलिस्तां में आगए
महसूस यह हुआ कि बयाबां में आगए

हम तर्क-ए-रब्त व ज़ब्त-ए-मुहब्बत[1] के बावजूद
सौ बार खिंच के कूचा-ए-जानां[2] में आगए

फूलों को रास आया न जब अर्सा-ए-बहार
गुलशन से हट के गोशा-ए-दामां में आगए

आया मेरी ज़बां पे यकायक जो उनका नाम
किस किस के हाथ मेरे गिरेबां में आगए

जिन की अदा अदा में हैं रानाइयाँ[3] "शकील"
अशआर[4] बनके वो मेरे दीवां में आगए

---

1. प्रेम पर नियंत्रण 2. प्रियतम के कूचे में 3. सुन्दरता-मस्ती 4. शेर

(66)

कोई आरज़ू नहीं है, कोई मुद्दआ[1] नहीं है
तेरा ग़म रहे सलामत मेरे दिल में क्या नहीं है

तू बचाये लाख दामां, मेरा फिर भी है यह दावा
तेरे दिल में मैं ही मैं हूं कोई दूसरा नहीं है

तुम्हें कह दिया सितमगर[2] यह क़सूर था ज़बां का
मुझे तुम माफ़ करदो, मेरा दिल बुरा नहीं है

मुझे दोस्त कहने वाले ज़रा दोस्ती निभाले
यह मुतालिबा[3] है हक़ का, कोई इल्तेजा[4] नहीं है

मेरी आंख ने तुझे भी ब-ख़ुदा "शकील" पाया
मैं समझ रहा था मुझ सा कोई दूसरा नहीं है

---

1. उद्देश्य 2. अत्याचारी 3. मांग 4. याचना

(67)

जब कभी हम तेरे कूचे से गुज़र जाते हैं
लौह-ए-इदराक पे कुछ नक़्श उभर जाते हैं

हुस्न से लीजिए तन्ज़ीमे दो-आलम का सबक़
सुबह होती है तो गेसू भी संवर जाते हैं

हम ने पाया है मुहब्बत का ख़ुमार-ए-अबदी
कैसे होते हैं वो नशे जो उतर जाते हैं

इतने ख़ाईफ़ हैं मै-ओ-गुल से जनाब वाइज़
नाम-ए-कौसर भी जो सुनते हैं तो डर जाते हैं

मैक़दा बंद, मुक़फ़्फल हैं दर-ए-दैर-ओ-हरम
देखना है कि "शकील" आज किधर जाते हैं

पुर-कैफ़[1] बहारें आ न सकीं, पुर-लुत्फं नज़ारे हो न सके
दौर-ए-मय-ए-रंगीं[2] चल न सका, फ़ितरत के इशारे हो न सके
आलम भी वही है, दिल भी वही है, तक़दीर को लेकिन क्या कहिए
हम आप के थे, हम आप के हैं, हां आप हमारे हो न सके

इन्सान की फ़ितरत क्या कहिए, मुश्किल सा फ़साना ढूंढ लिया
ठुकरा के जमूद-ए-हस्ती को, जीने का बहाना ढूंढ लिया
एहसास-ए-मुहब्बत क्या मानी, बे-बाकी-ए-जुर्रात[3] क्या मानी
तक़दीर के नाज़ुक परदे में आदम ने ठिकाना ढूंढ लिया

वो गरमी-बज़्मे इश्क़ गई, वो महर-ओ-वफ़ा[4] के गीत गए
जब हौसला-ए-दिल परत न था, हां हां वो ज़माने बीत गए
हम शाने तहम्मुल[5] पर नाजां, तुम ज़ोर-ए-मुसलसल पर क़ायम[6]
लिल्लाह यह बाज़ी रहने दो हम हार गए, तुम जीत गए

---

1. नशीली 2. शराब की रंगीनी 3. घृष्ट निर्भरता 4. प्रेम व मुहब्बत 5. संतोष 6. दृढ़

(68)

अफ़साना लिख रही हूं दिले बे-क़रार का
आंखों में रंग भर के तेरे इनतज़ार का

जब तू नहीं तो कुछ भी नहीं है बहार में
जी चाहता है मुंह भी न देखूं बहार का

हासिल है यूं तो मुझ को ज़माने की दौलतें
लेकिन नसीब लाई हूं इक सोगवार[1] का

आजा कि अब तो आंख में आंसू भी आगए
साग़र[2] छलक उठा मेरे सब्र-ओ-क़रार का

---

1. दुखी 2. सुराही

(69)

क़िस्तम बनाने वाले ज़रा सामने तो आ
मैं तुझ को यह बताऊं कि दुनिया तेरी है क्या

लाखों मुसीबतें हैं गरीबों की जान पर
शिकवा[1] नहीं है फिर भी किसी की ज़बान पर
आजा ज़मीन पे, सो गया क्यों आसमान पर?

क़िस्तम बनाने वाले....

क्यों दिल-जलों की आह का तुझ पर असर नहीं
क्या तेरे पास देखने वाली नज़र नहीं
जलता है घर मेरा, तुझे यह भी ख़बर नहीं
यह हाल है तो क्यों न कहूं तुझ को बे-वफ़ा

क़िस्तम बनाने वाले....

क्यों दुनिया हम गरीबों की बरबाद ग़म से है
तू है ख़फ़ा तो रूठा हुआ दिल भी हम से है
भगवान तेरा नाम हमारे ही दम से है
हम मिट गए तो नाम भी मिट जाएगा तेरा

क़िस्तम बनाने वाले...

---

1. शिकायत

(70)

तस्वीर बनाता हूं तेरी खून-ए-जिगर[1] से
देखा हैं तुझे मैंने मुहब्बत की नज़र से

जितने भी मिले रंग वो सब भर दिए तुझ में
इक रंग-ए-वफ़ा और है लाऊं वो किधर से

सावन तेरी जुल्फ़ों से घटा मांग के लाया
बिजली ने चुराई है तड़प तेरी नज़र से

मैं दिल में बुला कर तुझे रुख़्सत[2] न करूंगा
मुश्किल है तेरा लौट के जाना मेरे घर से

---

1. दिल के लहू से 2. विदा

(71)

मोहे भूल गए सांवरिया, भूल गए सांवरिया
आवन कह गए, अजहू न आए, ली नी न मोरी ख़बरिया

मोहे भूल गए सांवरिया

दिल को दिए क्यों दुख बिरहा के, तोड़ दिया क्यों महल बनाके
आस दिला के ओ बेदर्दी, फेरी काहे नजरिया

मोहे भूल गए सांवरिया

नैन कहें रो-रो के सजना, देख चुके हम प्यार का सपना
प्रीत है झूठी, प्रीतम झूठा, झूठी है सारी नगरिया

मोहे भूल गए सांवरिया

(72)

आसमां वाले तेरी दुनिया से जी घबरा गया
चार दिन की चांदनी में ग़म का बादल छा गया

आसमां वाले तेरी दुनिया से जी घबरा गया
जल गया दिल सोज़-ए-ग़म से जब कोई याद आगया

आसमां वाले...

आग में फूलों की, दुनिया ने मेरा तन रख दिया
एक मुर्दे को सजा कर नाम दुल्हन रख दिया
बोल मालिक यह तमाशा तुझ से क्यों देखा गया

आसमां वाले...

किस क़दर नाशाद[1] हूं, बरबाद हूं, वीरान हूं
रहम कर मुझ पर ख़ुदाया, मैं भी इक इन्सान हूं
मौत ही देदे कि अब शिकवा ज़बां पर आगया

आसमां वाले..

---

1. अप्रसन्न

(73)

इन्साफ का मंदिर है यह भगवान का घर है
कहना है जो कहदे, तुझे किस बात का डर है

है खोट तेरे दिल में जो भगवान से है दूर
हैं पांव तेरे, फिर भी तू आने से है मजबूर
हिम्मत है तो आजा, यह भलाई की डगर है

इन्साफ का मंदिर....

दुख दे के जो दुखिया से न इन्साफ़ करेगा
भगवान भी उस को न कभी मुआफ़ करेगा
यह सोच ले, हर बात की दाता को ख़बर है

इन्साफ का मंदिर....

है पास तेरे जिस की अमानत उसे देदे
निर्धन भी है इन्सान मुहब्बत उसे देदे
जिस दर पे सभी एक हैं, बन्दे यह वो दर है

इन्साफ का मंदिर है....

(74)

चौदहवीं का चांद हो या आफ़ताब हो
जो भी हो तुम ख़ुदा की क़सम लाजवाब हो

जुल्फें हैं जैसे कांधों पर बादल झुके हुए
आंखें हैं जैसे मै के प्याले भरे हुए
मस्ती है जिस में प्यार की, तुम वो शराब हो

चेहरा है जैसे झील में हंसता हुआ कंवल
या ज़िन्दगी के साज़ पर छेड़ी हुई ग़ज़ल
जान-ए-बहार तुम किसी शायर का ख्वाब हो

होंटों पे खेलती हैं तबस्सुम की बिजलियां
सजदे तुम्हारी राह में करती है कहकशां[1]
दुनिया-ए-हुस्न-ओ-इश्क़ का तुम ही शबाब हो

---

1. तारों भरी रात में एक चमक़दार सितारा

(75)

यह दुनिया है, यहां दिल का लगाना किस को आता है
हज़ारों प्यार करते हैं, निभाना किस को आता है

यह दुनिया है यहां दिल में समाना किस को आता है
मिटाने वाले लाखों है, बनाना किस को आता है

निग़ाहें फेर ली तुम ने तो हम किस की तरफ़ देखें
तुम्हीं कह दो, मुहब्बत का फ़साना किस को आता है

वफ़ा का यूं तो दम भरते हैं इस दुनिया में सभी लेकिन
वफ़ा के नाम पर मिट कर दिखाना किस को आता है

(76)

ऐ मोहब्त बतिरे अंजाम[1] पे रोना आया
जाने क्यूँ आज तिरे नाम पे रोना आया

यूँ तो हर शाम उमीदों में गुज़र जाती है
आज कुछ बात है जो शाम पे रोना आया

कभी तक़दीर का मातम कभी दुनिया का गिला
मंज़िल-ए-इश्क़ में हर गाम पे रोना आया

मुझ पे ही ख़त्म हुआ सिलसिला-ए-नौहागरी
इस क़दर गर्दिश-ए-अय्याम[2] पे रोना आया

जब हुआ ज़िक्र ज़माने में मोहब्बत का 'शकील'
मुझ को अपने दिल-ए-नाकाम पे रोना आया

---

1. परिणाम 2. काल चक्र

(77)

मेरे हम-नफ़स[1] मेरे हम-नवा[2] मुझे दोस्त बन के दग़ा न दे
मैं हूँ दर्द-ए-इश्क़ से जाँ-ब-लब[3] मुझे ज़िंदगी की दुआ न दे

मेरे दाग़-ए-दिल से है रौशनी इसी रौशनी से है ज़िंदगी
मुझे डर है ऐ मिरे चारा-गर[4] ये चराग़ तू ही बुझा न दे

मुझे छोड़ दे मिरे हाल पर तिरा क्या भरोसा है चारा-गर
ये तिरी नवाज़िश-ए-मुख़्तसर[5] मिरा दर्द और बढ़ा न दे

मेरा अज़्म[6] इतना बुलंद है कि पराए शो'लों का डर नहीं
मुझे ख़ौफ़ आतिश-ए-गुल से है ये कहीं चमन को जला न दे

वो उठे हैं ले के ख़ुम-ओ-सुबू अरे ओ 'शकील' कहाँ है तू
तिरा जाम लेने को बज़्म में कोई और हाथ बढ़ा न दे

---

1. दोस्त 2. समर्थक 3. मृतप्राय 4. डॉक्टर 5. छोटी सी गुजारिश 6. दृढ़ निश्चय

(78)

ग़म-ए-आशिक़ी से कह दो रह-ए-आम[1] तक न पहुँचे
मुझे ख़ौफ़ है ये तोहमत[2] तिरे नाम तक न पहुँचे

मैं नज़र से पी रहा था तो ये दिल ने बद-दुआ दी
तिरा हाथ ज़िंदगी भर कभी जाम तक न पहुँचे

वो नवा-ए-मुज़्महिल[3] क्या न हो जिस में दिल की धड़कन
वो सदा-ए-अहल-ए-दिल क्या जो अवाम तक न पहुँचे

मिरे ताइर-ए-नफ़स को नहीं बाग़बाँ से रंजिश
मिले घर में आब-ओ-दाना तो ये दाम तक न पहुँचे

नई सुब्ह पर नज़र है मगर आह ये भी डर है
ये सहर भी रफ़्ता रफ़्ता कहीं शाम तक न पहुँचे

ये अदा-ए-बे-नियाज़ी तुझे बेवफ़ा मुबारक
मगर ऐसी बे-रुख़ी क्या कि सलाम तक न पहुँचे

जो नक़ाब-ए-रुख़[4] उठा दी तो ये क़ैद भी लगा दी
उठे हर निगाह लेकिन कोई बाम तक न पहुँचे

उन्हें अपने दिल की ख़बरें मिरे दिल से मिल रही हैं
मैं जो उन से रूठ जाऊँ तो पयाम तक न पहुँचे

वही इक ख़मोश नग़्मा है 'शकील' जान-ए-हस्ती
जो ज़बान पर न आए जो कलाम तक न पहुँचे

---

1. साधारण पथ 2. लांछन 3. धीमी आवाज 4. चेहरे का पर्दा

(79)

आज फिर गर्दिश-ए-तक़दीर[1] पे रोना आया
दिल की बिगड़ी हुई तस्वीर पे रोना आया

इश्क़ की क़ैद में अब तक तो उमीदों पे जिए
मिट गई आस तो ज़ंजीर पे रोना आया

क्या हसीं ख़्वाब मोहब्बत ने दिखाया था हमें
खुल गई आँख तो ता'बीर[2] पे रोना आया

पहले क़ासिद[3] की नज़र देख के दिल सहम गया
फिर तिरी सुर्ख़ी-ए-तहरीर पे रोना आया

दिल गँवा कर भी मोहब्बत के मज़े मिल न सके
अपनी खोई हुई तक़दीर पे रोना आया

कितने मसरूर थे जीने की दुआओं पे 'शकील'
जब मिले रंज तो तासीर पे रोना आया

---

1. बुरा लम्हा 2. स्वप्न फल 3. संदेशवाहक 4. आनंदित 5. प्रभाव

(80)

ऐ इश्क़ ये सब दुनिया वाले बे-कार की बातें करते हैं
पायल के ग़मों का इल्म नहीं झंकार की बातें करते हैं

हर दिल में छुपा है तीर कोई हर पाँव में है ज़ंजीर कोई
पूछे कोई इन से ग़म के मज़े जो प्यार की बातें करते हैं

उल्फ़त[1] के नए दीवानों को किस तरह से कोई समझाए
नज़रों पे लगी है पाबंदी दीदार की बातें करते हैं

भँवरे हैं अगर मदहोश तो क्या परवाने भी हैं ख़ामोश तो क्या
सब प्यार के नग़मे गाते हैं सब यार की बातें करते हैं

---

1. प्रेम 2. दर्शन 3. बेसुध

(81)

कैसे कह दूँ की मुलाक़ात नहीं होती है
रोज़ मिलते हैं मगर बात नहीं होती है

आप लिल्लाह न देखा करें आईना कभी
दिल का आ जाना बड़ी बात नहीं होती है

छुप के रोता हूँ तिरी याद में दुनिया भर से
कब मिरी आँख से बरसात नहीं होती है

हाल-ए-दिल पूछने वाले तिरी दुनिया में कभी
दिन तो होता है मगर रात नहीं होती है

जब भी मिलते हैं तो कहते हैं कि कैसे हो 'शकील'
इस से आगे तो कोई बात नहीं होती है

(82)

अब तो ख़ुशी का ग़म है न ग़म की ख़ुशी मुझे
बे-हिस[1] बना चुकी है बहुत ज़िंदगी मुझे

वो वक़्त भी ख़ुदा न दिखाए कभी मुझे
उन की नदामतों पे हो शर्मिंदगी मुझे

रोने पे अपने उन को भी अफ़्सुर्दा[2] देख कर
यूँ बन रहा हूँ जैसे अब आई हँसी मुझे

यूँ दीजिए फ़रेब-ए-मोहब्बत कि उम्र भर
मैं ज़िंदगी को याद करूँ ज़िंदगी मुझे

रखना है तिश्ना-काम तो साक़ी बस इक नज़र
सैराब[3] कर न दे मिरी तिश्ना-लबी[4] मुझे

पाया है सब ने दिल मगर इस दिल के बावजूद
इक शय मिली है दिल में खटकती हुई मुझे

राज़ी हों या ख़फ़ा हों वो जो कुछ भी हों 'शकील'
हर हाल में क़ुबूल है उन की ख़ुशी मुझे

---

1. चेतना शून्य 2. उदास 3. जिसकी प्यास बुझ गई हो 4. प्यास

(83)

ग़म-ए-इश्क़ रह गया है ग़म-ए-जुस्तुजू में ढल कर
वो नज़र से छुप गए हैं मिरी ज़िंदगी बदल कर

तिरी गुफ़्तुगू[1] को नासेह[2] दिल-ए-गम-ज़दा से जल कर
अभी तक तो सुन रहा था मगर अब सँभल सँभल कर

न मिला सुराग़-ए-मंज़िल कभी उम्र भर किसी को
नज़र आ गई है मंज़िल कभी दो क़दम ही चल कर

ग़म-ए-उम्र-ए-मुख़्तसर[3] से अभी बे-ख़बर हैं कलियाँ
न चमन में फेंक देना किसी फूल को मसल कर

हैं किसी के मुंतज़िर हम मगर ऐ उमीद-ए-मुबहम
कहीं वक़्त रह न जाए यूँही करवटें बदल कर

मिरे दिल को रास आया न जुमूद-ओ-ग़ैर-फ़ानी
मिली राह-ए-ज़िंदगानी[4] मुझे ख़ार से निकल कर

मिरी तेज़-गामियों से नहीं बर्क़ को भी निस्बत
कहीं खो न जाए दुनिया मिरे साथ साथ चल कर

कभी यक-ब-यक तवज्जोह कभी दफ़अ'तन तग़ाफ़ुल[5]
मुझे आज़मा रहा है कोई रुख़ बदल बदल कर

हैं 'शकील' ज़िंदगी में ये जो वुसअ'तें[6] नुमायाँ
इन्हीं वुसअतों से पैदा कोई आलम-ए-ग़ज़ल कर

1. बातचीत 2. अच्छी बातें करने वाला 3. छोटी जिन्दगी का गम 4. जिन्दगी की राह 5. अनदेखा
6. फैलाव

(84)

जीने वाले क़ज़ा[1] से डरते हैं
ज़हर पी कर दवा से डरते हैं

ज़ाहिदों[2] को किसी का ख़ौफ़ नहीं
सिर्फ़ काली घटा से डरते हैं

आप जो कुछ कहें हमें मंज़ूर
नेक बंदे ख़ुदा से डरते हैं

दुश्मनों को सितम का ख़ौफ़ नहीं
दोस्तों की वफ़ा से डरते हैं

अज़्म-ओ-हिम्मत के बावजूद 'शकील'
इश्क़ की इब्तिदा[3] से डरते हैं

---

1. मौत 2. सांसारिक प्रपंचों से दूर नियम से जप-तप करने वाला व्यक्ति 3. शुरुआत

(85)

मिरी ज़िंदगी पे न मुस्कुरा मुझे ज़िंदगी का अलम[1] नहीं
जिसे तेरे ग़म से हो वास्ता वो ख़िज़ाँ[2] बहार से कम नहीं

मिरा कुफ़्र[3] हासिल-ए-ज़ोहद है मिरा ज़ोहद हासिल-ए-कुफ़्र है
मिरी बंदगी वो है बंदगी जो रहीन-ए-दैर-ओ-हरम नहीं

मुझे रास आएँ ख़ुदा करे यही इश्तिबाह[4] की साअतें
उन्हें ऐतबार-ए-वफ़ा तो है मुझे ऐतबार-ए-सितम नहीं

वही कारवाँ वही रास्ते वही ज़िंदगी वही मरहले[5]
मगर अपने अपने मक़ाम पर कभी तुम नहीं कभी हम नहीं

न वो शान-ए-जब्र-ए-शबाब है न वो रंग-ए-क़हर-ए-इताब है
दिल-ए-बे-क़रार पे इन दिनों है सितम यही कि सितम नहीं

न फ़ना मिरी न बक़ा मिरी मुझे ऐ 'शकील' न ढूँढिए
मैं किसी का हुस्न-ए-ख़याल हूँ मिरा कुछ वजूद ओ अदम नहीं

---

1. क्लेश 2. पतझड़ 3. छिपा हुआ 4. संदेह 5. मंच

(86)

हंगामा-ए-ग़म से तंग आ कर इज़हार-ए-मसर्रत[1] कर बैठे
मशहूर थी अपनी ज़िंदा-दिली दानिस्ता[2] शरारत कर बैठे

कोशिश तो बहुत की हम ने मगर पाया न ग़म-ए-हस्ती से मफ़र[3]
वीरानी-ए-दिल जब हद से बढ़ी घबरा के मोहब्बत कर बैठे

हस्ती के तलातुम[4] में पिन्हाँ[5] थे ऐश ओ तरब के धारे भी
अफ़्सोस हमी से भूल हुई अश्कों पे क़नाअत कर बैठे

ज़िंदान-ए-जहाँ से ये नफ़रत ऐ हज़रत-ए-वाइज़ क्या कहना
अल्लाह के आगे बस न चला बंदों से बग़ावत कर बैठे

गुलचीं[6] ने तो कोशिश कर डाली सूनी हो चमन की हर डाली
काँटों ने मुबारक काम किया फूलों की हिफ़ाज़त कर बैठे

हर चीज़ नहीं है मरकज़ पर इक ज़र्रा इधर इक ज़र्रा उधर
नफ़रत से न देखो दुश्मन को शायद वो मोहब्बत कर बैठे

अल्लाह तो सब की सुनता है जुरअत[7] है 'शकील' अपनी अपनी
'हाली' ने ज़बाँ से उफ़ भी न की 'इक़बाल' शिकायत कर बैठे

---

1. ख़ुशी का इजहार 2. जान- बूझकर 3. पलायन 4. ऊँची लहरें 5. निहित 6. माली 7. साहस

(87)

आख़िरी वक़्त है आख़िरी साँस है ज़िंदगी की है शाम आख़िरी आख़िरी
संग-दिल आ भी जा अब ख़ुदा के लिए लब पे है तेरा नाम आख़िरी आख़िरी

कुछ तो आसान होगा अदम का सफ़र उन से कहना तुम्हें ढूँढती है नज़र
नामा-बर[1] तू ख़ुदारा[2] न अब देर कर दे दे उन को पयाम आख़िरी आख़िरी

तौबा करता हूँ कल से पियूँगा नहीं मय-कशी के सहारे जियूँगा नहीं
मेरी तौबा से पहले मगर साक़िया सिर्फ़ दे एक जाम आख़िरी आख़िरी

मुझ को यारों ने नहला के कफ़ना दिया दो घड़ी भी न बीती कि दफ़ना दिया
कौन करता है ग़म टूटते ही ये दम कर दिया इंतिज़ाम आख़िरी आख़िरी

जीते-जी क़द्र मेरी किसी ने न की ज़िंदगी भी मिरी बेवफ़ा हो गई
दुनिया वालो मुबारक ये दुनिया तुम्हें कर चले हम सलाम आख़िरी आख़िरी

---

1. डाकिया 2. खुदा की कसम

(88)

दिल के बहलाने की तदबीर[1] तो है
तू नहीं है तिरी तस्वीर तो है

हम-सफ़र छोड़ गए मुझ को तो क्या
साथ मेरे मिरी तक़दीर तो है

क़ैद से छूट के भी क्या पाया
आज भी पाँव में ज़ंजीर तो है

क्या मजाल उन की न दें ख़त का जवाब
बात कुछ बाइस-ए-ताख़ीर[2] तो है

पुर्सिश-ए-हाल को वो आ ही गए
कुछ भी हो इश्क़ में तासीर तो है

ग़म की दुनिया रहे आबाद 'शकील'
मुफ़्लिसी[3] में कोई जागीर तो है

---

1. उपाय 2. देर होने का कारण 3. गरीबी

(89)

ज़िंदगी उन की चाह में गुज़री
मुस्तक़िल[1] दर्द-ओ-आह में गुज़री

रहमतों से निबाह में गुज़री
उम्र सारी गुनाह में गुज़री

हाए वो ज़िंदगी की इक साअ'त[2]
जो तिरी बारगाह में गुज़री

सब की नज़रों में सर-बुलंद रहे
जब तक उन की निगाह में गुज़री

मैं वो इक रहरव-ए-मोहब्बत[3] हूँ
जिस की मंज़िल भी राह में गुज़री

इक ख़ुशी हम ने दिल में चाही थी
वो भी ग़म की पनाह में गुज़री

ज़िंदगी अपनी ऐ 'शकील' अब तक
तल्ख़ी-ए-रस्म-ओ-राह[4] में गुज़री

---

1. चिरस्थायी 2. समय 3. प्यार का यात्री 4. रिश्तों की कड़वाहट

(90)

ख़ुश हूँ कि मिरा हुस्न-ए-तलब काम तो आया
ख़ाली ही सही मेरी तरफ़ जाम तो आया

काफ़ी है मिरे दिल की तसल्ली को यही बात
आप आ न सके आप का पैग़ाम तो आया

अपनों ने नज़र फेरी तो दिल तू ने दिया साथ
दुनिया में कोई दोस्त मिरे काम तो आया

वो सुब्ह का एहसास हो या मेरी कशिश[1] हो
डूबा हुआ ख़ुर्शीद लब-ए-बाम तो आया

लोग उन से ये कहते हैं कि कितने हैं 'शकील' आप
उस हुस्न के सदक़े में मिरा नाम तो आया

---

1. आकर्षण 2. छत का किनार

(91)

बदले बदले मिरे ग़म-ख़्वार[1] नज़र आते हैं
मरहले[2] इश्क़ के दुश्वार नज़र आते हैं

कश्ती-ए-ग़ैरत-ए-एहसास सलामत यारब
आज तूफ़ान के आसार नज़र आते हैं

इंक़लाब आया न जाने ये चमन में कैसा
ग़ुंचा-ओ-गुल[3] मुझे तलवार नज़र आते हैं

जिन की आँखों से छलकता था कभी रंग-ए-ख़ुलूस[4]
इन दिनों माइल-ए-तकरार नज़र आते हैं

जो सुना करते थे हंस हंस के कभी नामा-ए-शौक़[5]
अब मिरी शक्ल से बेज़ार नज़र आते हैं

उन के आगे जो झुकी रहती हैं नज़रें अपनी
इस लिए हम ही ख़ता-वार नज़र आते हैं

दुश्मन-ए-ख़ू-ए-वफ़ा रस्म-ए-मोहब्बत के हरीफ़
वही क्या और भी दो-चार नज़र आते हैं

जिंस-ए-नायाब-ए-मोहब्बत की ख़ुदा ख़ैर करे
बुल-हवस उस के ख़रीदार नज़र आते हैं

वक़्त के पूजने वाले हैं पुजारी उन के
कोई मतलब हो तो ग़म-ख़्वार नज़र आते हैं

जाएज़ा दिल का अगर लो तो वफ़ा से ख़ाली
शक्ल देखो तो नमक-ख़्वार नज़र आते हैं

रोज़-ए-रौशन में अगर उन को दिखाओ तारे
वो ये कह देंगे कि सरकार नज़र आते हैं

हम न बदले थे न बदले हैं न बदलेंगे 'शकील'
एक ही रंग में हर बार नज़र आते हैं

---

1. दुःख दर्द बांटने वाला 2. स्थान 3. फूल और कली 4. रंगों का प्रभाव 5. प्रेम पत्र

(92)

चाँदनी में रुख़-ए-ज़ेबा[1] नहीं देखा जाता
माह ओ ख़ुर्शीद को यकजा[2] नहीं देखा जाता

यूँ तो उन आँखों से क्या क्या नहीं देखा जाता
हाँ मगर अपना ही जल्वा नहीं देखा जाता

दीदा-ओ-दिल की तबाही मुझे मंज़ूर मगर
उन का उतरा हुआ चेहरा नहीं देखा जाता

ज़ब्त-ए-ग़म हाँ वही अश्कों का तलातुम[3] इक बार
अब तो सूखा हुआ दरिया नहीं देखा जाता

ज़िंदगी आ तुझे क़ातिल के हवाले कर दूँ
मुझ से अब ख़ून-ए-तमन्ना नहीं देखा जाता

अब तो झूटी भी तसल्ली ब-सर-ओ-चश्म क़ुबूल
दिल का रह रह के तड़पना नहीं देखा जाता

---

1. खूबसूरत चेहरा 2. एकसाथ 3. समुंदरी लहरें

(93)

इश्क़ की चिंगारियों को फिर हवा देने लगे
मेरे पास आ कर वो दुश्मन को दुआ देने लगे

मय-कदे का मय-कदा ख़ामोश था मेरे बग़ैर
मैं हुआ वारिद[1] तो पैमाने सदा देने लगे

ख़त्म करना ही पड़ेंगी शाम-ए-ग़म की उलझनें
अब वो अपने गेसुओं का वास्ता देने लगे

ए'तिराफ़-ए-औज[2] का जज़्बा नहीं अहबाब[3] में
हर तरक़्क़ी पर तरक़्क़ी की दुआ देने लगे

दोस्तों की कज-अदाई[4] मैं भी लज़्ज़त है 'शकील'
दोस्त वो है दोस्त बन कर जो दग़ा देने लगे

---

1. आने वाला 2. ऊँचा ओहदा 3. दोस्त 4. दुश्मनी

(94)

दुनिया की रिवायात[1] से बेगाना नहीं हूँ
छेड़ो न मुझे मैं कोई दीवाना नहीं हूँ

इस कसरत-ए-ग़म पर भी मुझे हसरत-ए-ग़म है
जो भर के छलक जाए वो पैमाना नहीं हूँ

रूदाद-ए-ग़म-ए-इश्क़[2] है ताज़ा मिरे दम से
उनवान-ए-हर-अफ़्साना[3] हूँ अफ़्साना नहीं हूँ

इल्ज़ाम-ए-जुनूँ दें न मुझे अहल-ए-मोहब्बत
मैं ख़ुद ये समझता हूँ कि दीवाना नहीं हूँ

मैं क़ाएल-ए-ख़ुद्दारी-ए-उल्फ़त सही लेकिन
आदाब-ए-मोहब्बत[4] से तो बेगाना नहीं हूँ

है बर्क़-ए-सर-ए-तूर से दिल शोला-ब-दामाँ
शम-ए-सर-ए-महफ़िल हूँ मैं परवाना नहीं हूँ

है गर्दिश-ए-साग़र मिरी तक़दीर का चक्कर
मोहताज-ए-तवाफ़-ए-दर-ए-मय-ख़ाना नहीं हूँ

काँटों से गुज़र जाता हूँ दामन को बचा कर
फूलों की सियासत से मैं बेगाना नहीं हूँ

लज़्ज़त-कश-ए-नज़्ज़ारा 'शकील' अपनी नज़र है
महरूम-ए-जमाल-ए-रुख़-ए-जानाना नहीं हूँ

---

1. परम्परा 2. कहानी 3. कहानी का शीर्षक 4. प्रेम के विधान

(95)

नज़र-नवाज़[1] नज़ारों में जी नहीं लगता
वो क्या गए कि बहारों में जी नहीं लगता

शब-ए-फ़िराक़[2] को ऐ चाँद आ के चमका दे
नज़र उदास है तारों में जी नहीं लगता

ग़म-ए-हयात[3] के मारे तो हम भी हैं लेकिन
ग़म-ए-हयात के मारों में जी नहीं लगता

न पूछ मुझ से तिरे ग़म में क्या गुज़रती है
यही कहूँगा हज़ारों में जी नहीं लगता

कुछ इस क़दर है ग़म-ए-ज़िंदगी से दिल मायूस
ख़िज़ाँ गई तो बहारों में जी नहीं लगता

फ़साना-ए-शब-ए-ग़म ख़त्म होने वाला है
'शकील' चाँद सितारों में जी नहीं लगता

---

1. आँखों को आनंद देनेवाली चीज़ 2. जुदाई की रात 3. जिन्दगी के दुःख 4. बुरे दिनों का किस्सा

(96)

दिल मरकज़-ए-हिजाब बनाया न जाएगा
उन से भी राज़-ए-इश्क़[1] छुपाया न जाएगा

सर को कभी क़दम पे झुकाया न जाएगा
उन के नुक़ूश-ए-पा[2] को मिटाया न जाएगा

बे-वज्ह इंतिज़ार दिखाने से फ़ाएदा
कह दीजिए कि सामने आया न जाएगा

आँखों में अश्क क़ल्ब[3] परेशाँ नज़र उदास
इस तरह उन को छोड़ के जाया न जाएगा

वो ख़ुद कहें तो शरह-ए-मोहब्बत बयाँ करूँ
नग़्मा बग़ैर साज़ सुनाया न जाएगा

बेहतर यही है ज़िक्र-ए-मोहब्बत न छेड़िए
नक़्शा बिगड़ गया तो बनाया न जाएगा

दिल की तरफ़ 'शकील' तवज्जोह ज़रूर हो
ये घर उजड़ गया तो बसाया न जाएगा

---

1. प्रेम का रहस्य 2. पद चिन्ह

(97)

अब तक शिकायतें हैं दिल-ए-बद-नसीब से
इक दिन किसी को देख लिया था क़रीब से

अक्सर ब-ज़ोम-ए-तर्क-ए-मोहब्बत ख़ुदा गवाह
गुज़रा चला गया हूँ दयार-ए-हबीब[1] से

दस्त-ए-ख़िज़ाँ ने बढ़ के वहीं उस को चुन लिया
जो फूल गिर गया निगह-ए-अंदलीब से

अहल-ए-सुकूँ[2] से खेल न ऐ मौज-ए-इम्बिसात[3]
इक दिन उलझ के देख किसी ग़म-नसीब से

न अहल-ए-नाज़[4] को भी मिले फ़ुर्सत-ए-नियाज़
मैं दूर हट गया जो वो गुज़रे क़रीब से

ये किस ख़ता पे रूठ गई चश्म-ए-इल्तिफ़ात[5]
ये कब का इंतिक़ाम लिया मुझ ग़रीब से

उन के बग़ैर भी है वही ज़िंदगी का दौर
हालात-ए-ज़िंदगी हैं मगर कुछ अजीब से

समझे हुए थे हुस्न-ए-अज़ल[6] जिस को हम 'शकील'
अपना ही अक्स-ए-रुख़ नज़र आया क़रीब से

---

1. महबूब का शहर 2. शांतिपूर्ण 3. सुख 4. प्रेमी 5. प्रेम की चमक 6. ख़ूबसूरती

(98)

वो यूँ खो के मुझे पाया करेंगे
मिरा अफ़साना दोहराया करेंगे

सितम अपने जो याद आया करेंगे
तो दिल ही दिल में पछताया करेंगे

ग़ुरूर-ए-हुस्न को बातिल[1] समझ कर
सरापा[2] इश्क़ बन जाया करेंगे

न होगी ताब-ए-ज़ब्त-ए-ग़म[3] जब उन को
यक़ीनन अश्क भर लाया करेंगे

क़यामत होंगी नाज़ुक दिल की आहें
हर इक ज़र्रे को तड़पाया करेंगे

फ़लक मातम करेगा बे-कसी पर
मह-ओ-अंजुम तरस खाया करेंगे

मुझे हर गाम पर ठुकराने वाले
मुझी पर नाज़ फ़रमाया करेंगे

न होगी जब सुकूँ की कोई सूरत
कुछ अपने दिल को समझाया करेंगे

हर इक तदबीर जब नाकाम होगी
तो मुझ को रू-ब-रू पाया करेंगे

निगाहों से मिला कर वो निगाहें
यकायक रुख़ बदल जाया करेंगे

वही नाज़-ओ-अदा की शक्ल होगी
इसी सूरत से शरमाया करेंगे

मैं कहता ही रहूँगा क़िस्सा-ए-ग़म
वो सुनते सुनते सो जाया करेंगे

मगर जब होगा आलम आलम-ए-ख़्वाब
न पा कर मुझ को घबराया करेंगे

'शकील' अपने लिए लम्हात-ए-फ़ुर्सत[4]
पयाम-ए-नौ-ब-नौ लाया करेंगे

---

1. झूठ 2. सर से पाँव तक 3. दुःख को कम करने की क्षमता 4. फुर्सत के क्षण

(99)

लम्हा लम्हा बार है तेरे बग़ैर
ज़िंदगी दुश्वार[1] है तेरे बग़ैर

दिल की बे-ताबी का आलम क्या कहूँ
हर नफ़स[2] तलवार है तेरे बग़ैर

मजमा-ए-अहबाब ओ अरबाब-ए-वफ़ा[3]
मजमा-ए-अग़यार है तेरे बग़ैर

तुझ से बरहम हूँ कभी ख़ुद से ख़फ़ा
कुछ अजब रफ़्तार है तेरे बग़ैर

ज़िंदगी से मौत इक इक गाम[4] पर
बर-सर-ए-पैकार है तेरे बग़ैर

आलम-ए-फ़ुर्क़त में ज़िक्र-ए-ख़्वाब क्या
नींद ख़ुद बेदार है तेरे बग़ैर

शाम-ए-ग़म करवट बदलता ही नहीं
वक़्त भी ख़ुद्दार है तेरे बग़ैर

आ मसीहा आ कि अब तेरा 'शकील'
जान से बे-ज़ार है तेरे बग़ैर

---

1. कठिन 2. कण 3. प्रेमी-जन 4. कदम

(100)

निगाह-ए-नाज़[1] का इक वार कर के छोड़ दिया
दिल-ए-हरीफ़ को बेदार[2] कर के छोड़ दिया

हुई तो है यूँही तरदीद-ए-अहद-ए-लुत्फ़-ओ-करम
दबी ज़बान से इक़रार कर के छोड़ दिया

छुपे कुछ ऐसे कि ता-ज़ीस्त[3] फिर न आए नज़र
रहीन-ए-हसरत-ए-दीदार[4] कर के छोड़ दिया

मुझे तो क़ैद-ए-मोहब्बत अज़ीज़ थी लेकिन
किसी ने मुझ को गिरफ़्तार कर के छोड़ दिया

नज़र को जुरअत-ए-तकमील-ए-बंदगी न हुई
तवाफ़-ए-कूच-ए-दिल-दार कर के छोड़ दिया

ख़ुशा वो कशमकश-ए-रब्त-ए-बाहमी जिस ने
दिल ओ दिमाग़ को बे-कार कर के छोड़ दिया

ज़हे-नसीब[5] कि दुनिया ने तेरे ग़म ने मुझे
मसर्रतों[6] का तलबगार कर के छोड़ दिया

करम की आस में अब किस के दर पे जाए 'शकील'
जब आप ही ने गुनहगार कर के छोड़ दिया

---

1. प्रेमी की नजर 2. जागना 3. उम्र भर 4. मिलने की इच्छा 5. अच्छी किस्मत 6. ख़ुशी

(101)

बहार आई किसी का सामना करने का वक़्त आया
सँभल ऐ दिल कि इज़हार-ए-वफ़ा करने का वक़्त आया

उन्हें आमादा-ए-मेहर-ओ-वफ़ा करने का वक़्त आया
बड़ी मुद्दत में अर्ज़-ए-मुद्दआ करने का वक़्त आया

रवाँ हैं अपने मरकज़[1] की तरफ़ आसूदा[2] उम्मीदें
हुजूम-ए-यास को दिल से जुदा करने का वक़्त आया

फिर इक गुम-कर्दा-राह-ए-ज़िंदगी को मिल गई मंज़िल
सुजूद-ए-शुक्र-ए-बे-पायाँ अदा करने का वक़्त आया

कभी दूरी थी लेकिन अब ख़याल-ए-ख़ौफ़-ए-दूरी है
फ़ुग़ाँ की साअ'तें गुज़रीं दुआ करने का वक़्त आया

कहाँ तक ख़त्म रहता दरमियाँ पर दिल का अफ़्साना
बिल-आख़िर दरमियाँ से इब्तिदा[3] करने का वक़्त आया

हर इक जुर्म-ए-मोहब्बत उस निगाह-ए-लुत्फ़ के सदक़े
नवेद-ए-आफ़ियत[4] ले कर ख़ता करने का वक़्त आया

निगाह ओ दिल से अब तफ़सीर-ओ-शरह-ए-आरज़ू होगी
ज़बान ओ लब से तर्क-ए-इल्तिजा[5] करने का वक़्त आया

वो आते हैं 'शकील' अब अपने दिल से हाथ धो बैठो
निगाह-ए-नाज़ की क़ीमत अदा करने का वक़्त आया

---

1. केंद्र 2. धनवान् 3. आदि 4. ठीक होने की अच्छी खबर 5. प्रार्थना करने का वक्त

(102)

उठी फिर दिल में इक मौज-ए-शबाब[1] आहिस्ता आहिस्ता
कुछ आया ज़िंदगी में इंक़लाब आहिस्ता आहिस्ता

समा कर मुझ में वो जान-ए-शबाब आहिस्ता आहिस्ता
बना देगा मुझे अपना जवाब आहिस्ता आहिस्ता

ये महफ़िल ज़ाहिदान-ए-ख़ुश्क[2] की महफ़िल है ऐ रिंदो[3]
ज़रा इस बज़्म में ज़िक्र-ए-शराब आहिस्ता आहिस्ता

मिरी नज़रें मुझी को रफ़्ता रफ़्ता भूल जाती हैं
हुए जाते हैं जल्वे कामयाब आहिस्ता आहिस्ता

न कहिए हाँ न कहिए आप को मुझ से मोहब्बत है
निगाहें ख़ुद ही दे देंगी जवाब आहिस्ता आहिस्ता

'शकील' इस दर्जा मायूसी शुरू-ए-इश्क़ में कैसी
अभी तो और होना है ख़राब आहिस्ता आहिस्ता

---

1. जवानी की लहर 2. लोगों के बिना 3. शराब पीने वाले

(103)

आँखों से दूर सुब्ह के तारे चले गए
नींद आ गई तो ग़म के नज़ारे चले गए

दिल था किसी की याद में मसरूफ़ और हम
शीशे में ज़िंदगी को उतारे चले गए

अल्लाह रे बे-ख़ुदी कि हम उन के ही रू-ब-रू
बे-इख़्तियार उन्ही को पुकारे चले गए

मुश्किल था कुछ तो ऐश की बाज़ी का जीतना
कुछ जीतने के ख़ौफ़ से हारे चले गए

नाकामी-ए-हयात[1] का करते भी क्या गिला
दो दिन गुज़ारना थे गुज़ारे चले गए

तर्ग़ीब-ए-तर्क-ए-शौक़ के पर्दे में ग़म-गुसार
हर नक़्श-ए-आरज़ू[2] को उभारे चले गए

पहुँचाई किस ने दावत-ए-मय अहल-ए-ज़ोहद को
शायद तिरी नज़र के इशारे चले गए

वो दिल हरीफ़-ए-जल्वा-ए-फ़िरदौस बन गया
जिस दिल में तेरे ग़म के शरारे चले गए

उन के बग़ैर ज़ीस्त ब-हर-हाल ज़ीस्त[3] थी
जैसी गुज़ारनी थी गुज़ारे चले गए

जल्वे कहाँ जो ज़ौक़-ए-तमाशा नहीं 'शकील'
नज़रें चली गईं तो नज़ारे चले गए

---

1. जिन्दगी की नाकामी 2. नक्शा 3. जिंदगी

(104)

उन से उम्मीद-ए-रू-नुमाई[1] है
क्या निगाहों की मौत आई है

हुस्न मसरूफ़-ए-ख़ुद-नुमाई है
इश्क़ का दौर इब्तिदाई[2] है

दिल ने ग़म से शिकस्त खाई है
उम्र-ए-रफ़्ता[3] तिरी दुहाई है

दिल की बर्बादियों पे नाज़ाँ हूँ
फ़त्ह पा कर शिकस्त खाई है

मेरे मा'बद[4] नहीं हैं दैर-ओ-हरम[5]
एहतियातन जबीं झुकाई है

वो हवा दे रहे हैं दामन की
हाए किस वक़्त नींद आई है

खुल गया उन की आरज़ू में ये राज़
ज़ीस्त अपनी नहीं पराई है

शमअ' परवाना हों कि ग़ुंचा-ओ-गुल
ज़िंदगी किस को रास आई है

गुल फ़सुर्दा[6] चमन उदास 'शकील'
यूँ भी अक्सर बहार आई है

---

1. नेतृत्व की उम्मीद 2. प्रारंभिक 3. गुज़री हुई उम्र 4. उपासना-गृह 5. मंदिर-ओ-काबा 6. उदास

(105)

नुमायाँ दोनों जानिब शान-ए-फ़ितरत होती जाती है
उन्हें मुझ से मुझे उन से मोहब्बत होती जाती है

मिरी शाम-ए-अलम सुब्ह-ए-मसर्रत[2] होती जाती है
कि हर लहज़ा तिरे मिलने की सूरत होती जाती है

निगाहें मुज़्तरिब[2] उतरा हुआ चेहरा ज़बाँ साकित[3]
जो थी अपनी वही अब उन की हालत होती जाती है

न क्यूँ हों इस अदा पर इश्क़ की ख़ुद्दारियाँ[4] सदक़े
उन्हें रूदाद-ए-ग़म[5] सुन सुन के हैरत होती जाती है

कहीं राज़-ए-मोहब्बत आसमाँ पर भी न खुल जाए
मुझे आह-ओ-फ़ुग़ाँ[6] करने की आदत होती जाती है

मोहब्बत ही में मिलते हैं शिकायत के मज़े पैहम
मोहब्बत जितनी बढ़ती है शिकायत होती जाती है

'शकील' उन की जुदाई में है लुत्फ़-ए-ज़िंदगी ज़ाइल
नज़र बे-कैफ़ अफ़्सुर्दा तबीअ'त होती जाती है

---

1. ध्यान देने योग्य 2. व्याकुल 3. खामोश 4. आत्म सम्मान 5. दुःख की दास्तान 6. विलाप

(106)

आदाब-ए-आशिक़ी[1] से बेगाना कह रही है
मेरी नज़र मुझी को दीवाना कह रही है

हर आह-ए-सिर्र-ए-पैहम दिल से निकल निकल कर
दिल की तबाहियों का अफ़्साना कह रही है

इस दर्जा है मुसल्लत[2] दीवानगी का आलम
दीवानगी भी मुझ को दीवाना कह रही है

ये इंक़िलाब-ए-दौराँ ये ऐश-ओ-ग़म के उनवाँ[3]
गोया ज़बान-ए-फ़ितरत अफ़्साना कह रही है

मेरी ज़बाँ उन्हीं से उन के सितम का क़िस्सा
यूँ दब के कह रही है गोया न कह रही है

ऐ बर्क़-ए-फ़ित्ना सामाँ उन्वान[4] ताज़ा कोई
ये क्या सुना सुनाया अफ़्साना कह रही है

हूँ ज़िंदा इक मुरक़्क़ा[5] मैं सूरत-आफ़रीं का
दुनिया 'शकील' मेरा अफ़्साना कह रही है

---

1. प्रेम के विधान 2. विवश किया हुआ 3. प्रकार 4. शीर्षक 5. एल्बम

(107)

जो दिल पे गुज़रती है वो समझा नहीं सकते
हम देखने वालों को नज़र आ नहीं सकते

बे-क़ैद-ओ-रसूम[1] आई हैं गुलशन में बहारें
अब हाथ गरेबाँ की तरफ़ जा नहीं सकते

रंगीनी-ए-मुस्तक़बिल-ए-रौशन[2] है नज़र में
हम तल्ख़ी-ए-माहौल से घबरा नहीं सकते

मग़रूर न हो फ़ज़्ल-ए-ख़िज़ाँ आ के चमन में
ऐसे भी हैं कुछ फूल जो मुरझा नहीं सकते

माना वो मुझे अपनी निगाहों से गिरा दें
लेकिन मिरे एहसास को ठुकरा नहीं सकते

अरबाब-ए-ख़िरद लाख सुबुक-गाम हों लेकिन
बे-फ़ैज़-ए-जुनूँ राह-ए-तलब पा नहीं सकते

माना कि तिरे लुत्फ़-ओ-करम ख़्वाब हैं लेकिन
हर शख़्स को ये ख़्वाब नज़र आ नहीं सकते

तफ़्सीर-ए-दो-आलम है 'शकील' अपना तग़ज़्ज़ुल[3]
मैदान-ए-ग़ज़ल छोड़ के हम जा नहीं सकते

---

1. मान्यताएं और परम्पराएँ 2. सुनहरा भविष्य 3. ग़ज़ल का रंग

(108)

दूर हैं वो और कितनी दूर
फिर भी मिरी नज़रों के हुज़ूर

रंज-ओ-मुसीबत जौर-ओ-सितम
आप की ख़ातिर सब मंज़ूर

दिल पर बीते लब पे न आए
हाए मोहब्बत का दस्तूर[1]

हसरत-ए-दीद[2] अज़ दीद बुलंद
हूर से बेहतर वादा-ए-हूर

पर्दा-ए-रंग-ओ-बू तो उठाओ
होगा कोई न कोई ज़रूर

दौर-ए-तरक़्क़ी[3] क्या है 'शकील'
दुनिया की अक़्लों का फ़ुतूर

---

1. नियम 2. मिलने की चाह 3. तरक्की की उम्र

(109)

इक इक क़दम फ़रेब-ए-तमन्ना से बच के चल
दुनिया की आरज़ू है तो दुनिया से बच के चल

ख़ुद ढूँढ लेगा तुझ को तिरा मुनफ़रिद[1] मक़ाम
राह-ए-तलब में नक़्श-ए-कफ़-ए-पा से बच के चल

बाक़ी है मेरे दिल में अभी अज़्मत-ए-वजूद
क़तरे से कह रहा हूँ कि दरिया से बच के चल

मिलती नहीं है राह-ए-सुकूँ[2] ख़ौफ़-ओ-यास में
गुलशन की जुस्तुजू है तो सहरा से बच के चल

मुँह जादा-ए-वफ़ा से न मोड़ ऐ वफ़ा-शिआर
लेकिन हुदूद-ए-चश्म-ए-तमाशा से बच के चल

कितनी हसीं हैं उन के सितम की मसर्रतें
शुक्र-ए-करम की ज़हमत-ए-बे-जा से बच के चल

लम्हे उदास उदास फ़ज़ाएँ घुटी घुटी
दुनिया अगर यही है तो दुनिया से बच के चल

अपने अदब पे नाज़ है तुझ को अगर 'शकील'
मग़रिब-ज़दा[3] अदीब की दुनिया से बच के चल

---

1. एकाकी 2. राहतभरा रास्ता 3. जो रहन-सहन में यूरोपीय देशों का अनुकरण करने का गर्व करता हो

(110)

पहलू में दर्द-ए-इश्क़ की दुनिया लिए हुए
बैठा हूँ ज़िंदगी का सहारा लिए हुए

दिल है तजल्ली-ए-रुख़-ए-ज़ेबा[1] लिए हुए
आग़ोश में है चाँद को दरिया लिए हुए

पहुँचे तो दिल में जोश-ए-तमन्ना लिए हुए
लौटे मगर लुटी हुई दुनिया लिए हुए

मैं जी रहा हूँ ग़म-कदा-ए-रोज़गार में
तेरी मोहब्बतों का सहारा लिए हुए

उठता हूँ बज़्म-ए-हुस्न से लग़्ज़िश-ब-पा 'शकील'
बहकी सी इक नज़र का सहारा लिए हुए

---

1. चमकते चेहरे की रौशनी 2. खूबसूरती की महफ़िल

(111)

तुम ने ये क्या सितम किया ज़ब्त से काम ले लिया
तर्क-ए-वफ़ा के बा'द भी मेरा सलाम ले लिया

रिंद-ए-ख़राब-नोश[1] की बे-अदबी तो देखिए
निय्यत-ए-मय-कशी न की हाथ में जाम ले लिया

हाए वो पैकर-ए-हवस हाए वो ख़ुगर-ए-क़फ़स
बेच के जिस ने आशियाँ हल्क़ा-ए-दाम ले लिया

बादा-कशान-ए-इश्क़ को कुछ तो मिला पए-सुकूँ
हुस्न-ए-सहर न ले सके जलवा-ए-शाम ले लिया

नामा-ए-शौक़ पढ़ के वो खो गए यक-ब-यक[2] 'शकील'
मुँह से तो कुछ न कह सके दिल से पयाम ले लिया

---

1. बुरा 2. अचानक

(112)

करने दो अगर क़त्ताल-ए-जहाँ[1] तलवार की बातें करते हैं
अर्ज़ां नहीं होता उन का लहू जो प्यार की बातें करते हैं

ये ऐश-ओ-तरब के मतवाले बे-कार की बातें करते हैं
पायल के ग़मों का इल्म नहीं झंकार की बातें करते हैं

ना-हक़ है हवस के बंदों को नज़्ज़ारा-ए-फ़ितरत[2] का दा'वा
आँखों में नहीं है बीनाई[3] दीदार की बातें करते हैं

ग़म में भी रहा एहसास-ए-तरब देखो तो हमारी नादानी
वीराने में सारी उम्र कटी गुलज़ार की बातें करते हैं

बे-नक़्द-ए-अमल जन्नत की तलब क्या शय हैं जनाब-ए-वाइज़ भी
मुट्ठी में नहीं हैं दाम-ओ-दिरम[4] बाज़ार की बातें करते हैं

कहते हैं उन्हीं को दुश्मन-ए-दिल है नाम उसी का नासेह भी
वो लोग जो रह कर साहिल[5] पर मंजधार की बातें करते हैं

पहुँचे हैं जो अपनी मंज़िल पर उन को तो नहीं कुछ नाज़-ए-सफ़र
चलने का जिन्हें मक़्दूर नहीं रफ़्तार की बातें करते हैं

ये अहल-ए-क़लम ये अहल-ए-हुनर देखो तो 'शकील' इन सब के जिगर
फ़ाक़ों से हैं दिल मुरझाए सू-ए-दार की बातें करते हैं

---

1. संसार भर का वध करने वाला 2. प्रकृति के नजारा 3. दृष्टि 4. किनारा 5. किनारा

(113)

बीत गया हंगाम-ए-क़यामत रोज़-ए-क़यामत आज भी है
तर्क-ए-तअल्लुक़ काम न आया उन से मोहब्बत आज भी है

सख़्त सही हस्ती के मराहिल-ए-इश्क़[1] में राहत आज भी है
ऐ ग़म-ए-जानाँ हो न गुरेज़ाँ तेरी ज़रूरत आज भी है

गुलशन-ए-हुस्न-ए-यार में करते हैं जो तलाश-ए-कैफ़-ओ-सुकूँ
लाख है बरहम नज़्म-ए-दो-आलम ज़ुल्फ़ में निकहत आज भी है

नूर-ए-सहर है जान-ए-तसव्वुर ज़ुल्मत-ए-शब से कौन डरे
लाख बनी है ज़ीस्त जहन्नम सामने जन्नत आज भी है

सुब्ह-ए-बहार आई थी ले कर रुत भी नई शाख़ें भी नई
ग़ुंचा-ओ-गुल से प्यार है लेकिन शाख़ से नफ़रत आज भी है

अर्ज़-ए-तमन्ना कर के गँवाया हम ने भरम ख़ुद्दारी का
हो गई गो तकमील-ए-तमन्ना दिल को नदामत आज भी है

कर के सितम की पर्दा-पोशी हम ने उन्हें बे-ऐब किया
वर्ना 'शकील' अपने होंटों पर हर्फ़-ए-शिकायत आज भी है

---

1. प्यार की मंजिल 2. शिकायती शब्द

(114)

इश्क़ का कोई ख़ैर-ख़्वाह तो है
तू नहीं है तिरी निगाह तो है

अर्ज़-ए-ग़म[1] क्यूँ न उन से कर देखूँ
अब भी थोड़ी सी रस्म-ओ-राह तो है

ज़िंदगी इक सियाह रात सही
आशिक़ी इक चराग़-ए-राह तो है

रोज़-ओ-शब की हक़ीक़तें मा'लूम
इक तमाशा-ए-मेहर-ओ-माह तो है

ताब-ए-जल्वा[2] मुझे नहीं न सही
लेकिन इक जुरअत-ए-निगाह तो है

और इक़बाल-ए-जुर्म क्या हो 'शकील'
थरथराते लबों पे आह तो है

---

1. दुःख का इजहार 2. शक्ति

(115)

तिरी महफ़िल से उठ कर इश्क़ के मारों पे क्या गुज़री
मुख़ालिफ़[1] इक जहाँ था जाने बेचारों पे क्या गुज़री

सहर[2] को रुख़्सत-ए-बीमार-ए-फ़ुर्क़त देखने वालो
किसी ने ये भी देखा रात भर तारों पे क्या गुज़री

सुना है ज़िंदगी वीरानियों ने लूट ली मिल कर
न जाने ज़िंदगी के नाज़-बरदारों पे क्या गुज़री

हँसी आई तो है बे-कैफ़[3] सी लेकिन ख़ुदा जाने
मुझे मसरूर पा कर मेरे ग़म-ख़्वारों[4] पे क्या गुज़री

ये ज़ाहिद हैं इन्हें क्या तजरबा एजाज़-ए-उल्फ़त का
ये तो जन्नत में भी पूछें गुनहगारों पे क्या गुज़री

---

1. विरोधी 2. सुबह 3. आनन्द रहित 4. दोस्तों

www.ingramcontent.com/pod-product-compliance
Lightning Source LLC
LaVergne TN
LVHW050038181026
850499LV00051B/2352
* 9 7 8 9 3 9 0 9 6 0 3 7 8 *